CONTENTS

Success15 4

http://success.waseda-ac.net/

サクセス15
April 2021

05 宇宙開発だけじゃない！
JAXAが作る未来の飛行機＆ヘリ

30 始まった「新たな学び」
高校受験はどう変わる？

12 Special School Selection
早稲田大学高等学院

18 公立高校WATCHING
埼玉県立春日部高等学校

22 私立高校WATCHING
中央大学杉並高等学校

26 ワクワクドキドキ　熱中部活動
法政大学第二高等学校
放送部

Regulars

38 受験生のための明日へのトビラ
40 突撃スクールレポート
明法高等学校
佼成学園女子高等学校
44 スクペディア
緑ヶ丘女子高等学校
成城学園高等学校
富士見丘高等学校
西武台高等学校
48 高校教育新潮流　NEW WAVE
56 高校受験質問箱
60 レッツトライ！　入試問題
66 帰国生が活躍する学校
国際基督教大学(ICU)高等学校
68 中学生の未来のために！
大学入試ここがポイント
70 東大入試突破への現代文の習慣
76 こちら東大はろくま情報局
78 キャンパスデイズ十人十色
80 ちょっと得する　読むサプリメント
82 マナビー先生の最先端科学ナビ
84 なぜなに科学実験室
88 中学生のための経済学
89 ピックアップニュース！
90 思わずだれかに話したくなる
名字の豆知識
92 ミステリーハンターQの
タイムスリップ歴史塾
93 サクセス印のなるほどコラム
94 数学ランドへようこそ
98 Success Book Review
99 サクセス映画館
100 解いてすっきり　パズルでひといき
102 読者が作る　おたよりの森

表紙：早稲田大学高等学院

宇宙開発だけじゃない！

JAXAが作る未来の飛行機&ヘリ

2020年12月、小惑星探査機「はやぶさ２」からリュウグウのサンプルが地球に届けられ、世界的なニュースとなりました。この「はやぶさ２」を作ったのは、宇宙開発で大きな役割を担っているJAXA（宇宙航空研究開発機構）です。では、そんなJAXAが、未来の飛行機やヘリコプターを研究・開発しているのを知っているでしょうか。今回はJAXAが作る航空機をご紹介しましょう。

※航空機…飛行機やヘリコプターなど、大気中を飛行する機械の総称

画像提供：JAXA

イメージ図

JAXAが挑む未来の航空技術開発 “30年後の航空機”を作る研究とは

JAXA（宇宙航空研究開発機構）には、その名の通り、宇宙開発を行う部門に加えて「航空」の研究を担う航空技術部門があります。宇宙研究のイメージが強いJAXAですが、ロケットと航空機は空を介して人やものを輸送するという点で共通しており、必要になる技術も密接にかかわっているのです。

航空技術部門では、みなさんが旅行などで利用する飛行機の機体を作っているのではなく、より環境に優しい航空機の実現やこれまでにないような新しい航空機に必要な技術の開発に力を入れています。なかでも今回ご紹介する「Sky Frontier（航空新分野創造プログラム）」は、航空輸送の可能性を徹底的に追求することを目的に、長期的な視点に立って研究を進めるプログラムです。20年、30年先の飛行機やヘリコプターを作っている研究だといえるでしょう。

このプログラムの特徴は、航空輸送の特徴ともいえる右の3つの視点から研究が進められていること。まずは「高速性」。遠くの場所、例えば海外へ行きたいとき、最も速い交通手段として思い浮かぶのは飛行機ではないでしょうか。その速さを現在よりもさらに高めることがめざされています。次にあげられるのが「機動性」です。車や船と違って、道路や海・陸の制限なく動くことができ、様々なルールはありつつも、空という3次元の空間を自由に使用できます。飛行機やヘリコプターの重要な要素であるこの特徴を機動性と呼び、その可能性を追求しています。最後の1つは「エネルギー転換」です。近年高まる環境保護の観点から、少しでも石油など化石燃料の使用を抑え、二酸化炭素の排出量を減らすことをめざした研究が進められています。

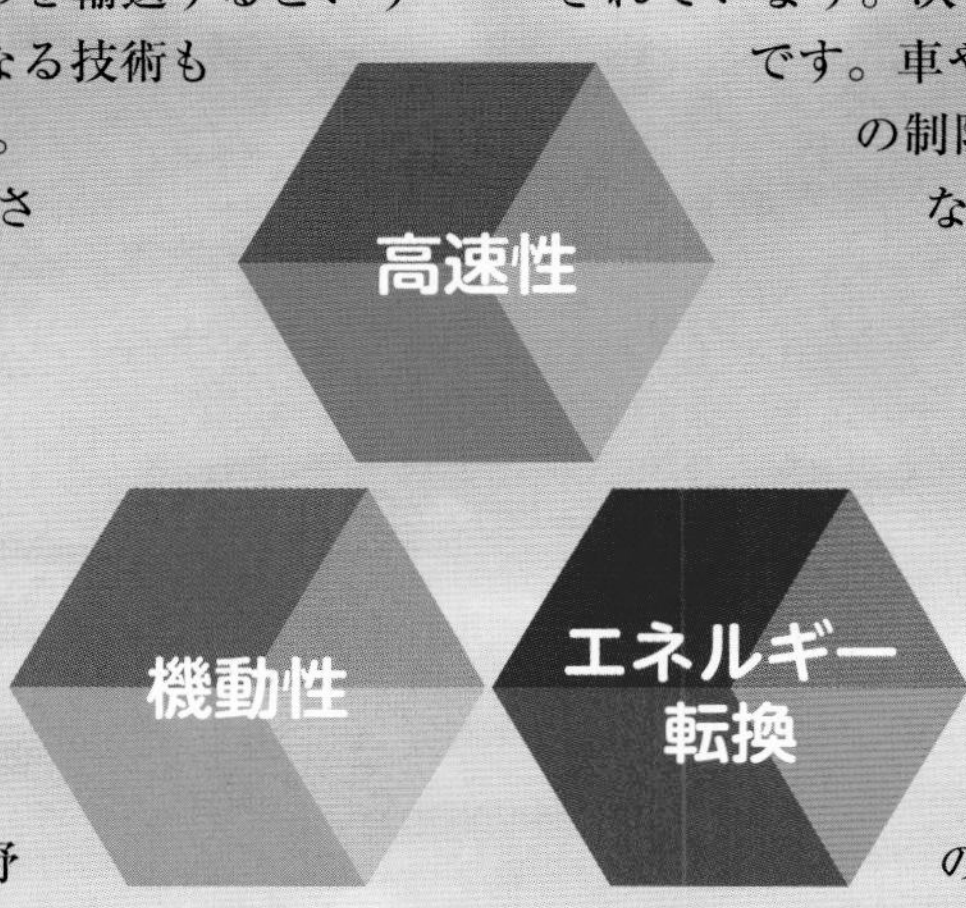

では、実際にどんな研究や実験が行われているのでしょうか？　このプログラムを統括している航空技術部門航空プログラムディレクタの村上哲先生にお話を伺っていきましょう。

JAXA
航空技術部門
航空プログラムディレクタ
村上《むらかみ》　哲《あきら》先生

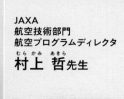

高速性

ソニックブームの低減効果を検証するための気球落下試験

音速を超えたスピードで人々を運ぶ飛行機 抵抗と騒音を減らす技術の開発が進む

私たちが旅行などで利用する飛行機は、音速の0.8倍ほどの速さで飛行しています。しかし、このプログラムでは、「超音速（スーパーソニック）」つまり音速を超えたスピードで飛ぶ飛行機などの開発が進められています。

具体的には、音速の1.6倍から２倍の速さで人を乗せて長距離飛行する飛行機の研究です。じつは、1976年から2003年まで、イギリスとフランスが共同開発した「コンコルド」が、音速の2倍の速さで飛ぶことができる飛行機として実際に運航されていました。速く飛ぶ技術自体は実現していますが、運用を続けていくには３つの問題を解決しなければなりません。

まず１つ目はコスト、つまり費用の問題です。速く飛ぶためには、それだけ多くの燃料が必要になります。そこで、機体の抵抗をなるべく減らし、より少ない燃料で速く飛ぶための研究が行われています。続いて２つ目は「ソニックブーム」の問題。これは超音速飛行で発生した衝撃波による爆発音のことです。これは超音速旅客機に特有の問題です。このために、コンコルドは陸上を超音速で飛行することが許されていませんでした。３つ目は離陸するときの騒音の大きさです。このために離着陸する空港がコンコルドでは限られていました。

JAXAではコストとソニックブームの２つの課題を解決するため、2005年にオーストラリアで徹底的に抵抗を減らす技術を搭載した機体、2015年にスウェーデンでソニックブームを下げる技術を搭載した機体でそれぞれ実験を行いました。現在は、それら２つを組みあわせてどのような結果が得られるかの研究と３つ目の課題である離陸時の騒音を小さくするための研究が進められています。

イメージ図

機体の空力抵抗データやプロペラ等の性能データを取得する様子　※空力抵抗…飛行時に受ける空気による抵抗力

機動性

利便性を保ったまま速度を２倍に 複数のプロペラを備えたヘリコプター

機動性の研究においては、おもにヘリコプターの研究に力を注いでいます。ヘリコプターは、離陸の際は真上に上昇し、着陸の際は真下に下降するような飛び方もできるため、離着陸に大きなスペースを必要としません。その利便性から、災害救助といった緊急性の高い場面でもヘリコプターなどが活躍しています。

その特徴を保ちつつ、さらに活動範囲を広げるため、現在の２倍の速さで飛行できるヘリコプターの研究が進められています。多くのヘリコプターは時速250㎞ほどで飛んでいますが、これを時速500㎞まで速くするというのです。そうすることで同じ時間内により遠くまで移動できるようになり、例えばドクターヘリで15分以内に到着できる範囲が日本国内の９割以上をカバーできるようになるのだといいます（現在は６割程度）。

通常、ヘリコプターは機体の一番上にプロペラがついており、これを傾けることで、前に進んでいます。浮き上がるための働きと、前に進むための働きを兼ねているため、大きな抵抗がかかり、速く飛ぼうとするとそれだけ大きな反動を受けてしまいます。

そこで、翼と複数のプロペラを併用する「コンパウンド（＝混ぜあわせる）ヘリ」という構造を採用。翼で浮き上がらせる力を分担することで、一番上にあるプロペラ（メインローター）に働く抵抗や機体が傾くことで発生する抵抗を減らそうというものです。特徴的なのは、前進するための専用のプロペラを機体の後方に１つ、メインローターの回転の反作用で機体が逆回転するのを防ぐ（小型の）プロペラを両翼端に設置しました。この２つのプロペラは前進飛行時は推進にも利用しています。さらに胴体もスマートにします。こうして抵抗を減らすことで、速度が上がっても、現在のヘリコプターと変わらない燃費を実現することが可能なのだそうです。

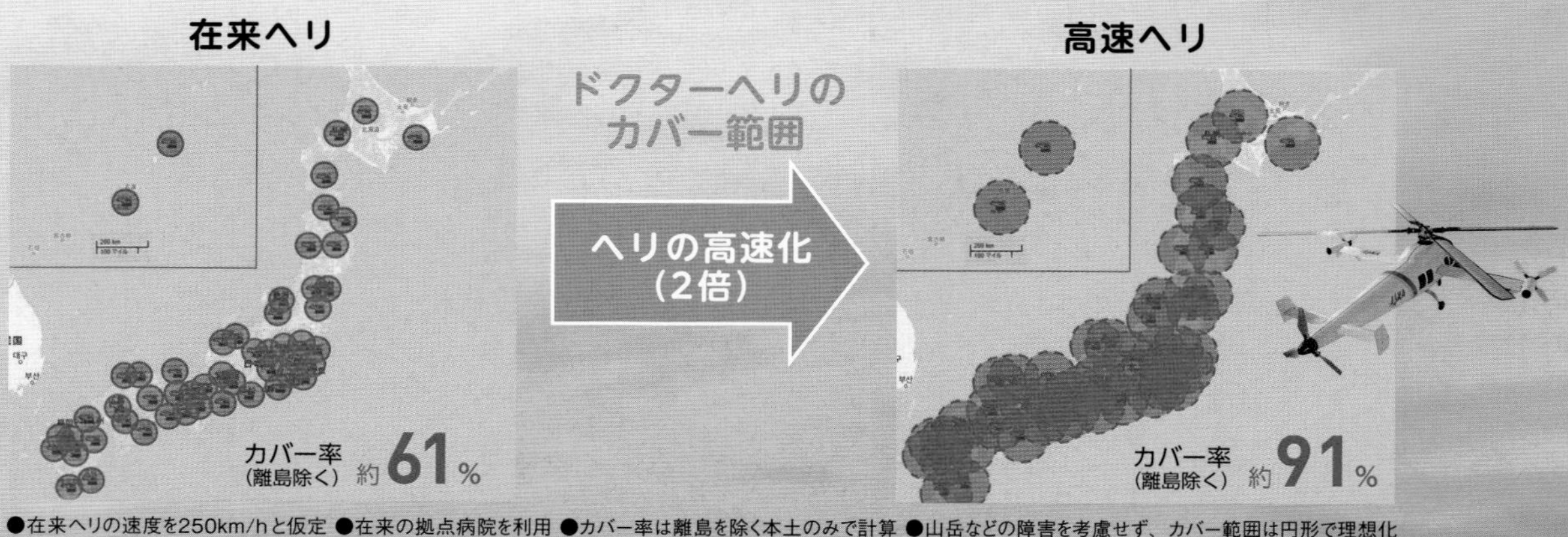

●在来ヘリの速度を250km/hと仮定 ●在来の拠点病院を利用 ●カバー率は離島を除く本土のみで計算 ●山岳などの障害を考慮せず、カバー範囲は円形で理想化

〈2018年９月時点〉

エネルギー転換

環境保護の観点から進む電動化
宇宙開発の技術を活かした水素航空機も

現在の航空機は、化石燃料でエンジンを動かしているため、飛行時にCO_2を排出してしまうという課題があります。そこで、Sky Frontierでは、環境保護の観点から航空機を電動化することをめざしています。

【写真㊤】を見てください。一見すると、一般的な小型飛行機と変わりませんが、じつは、エンジンを電気モーターに置き換えバッテリーで飛行するもので、化石燃料を使用しません。すでに飛行実験にも成功しており、現在はその技術をより大きな航空機に応用するための研究が進められています。

エンジンではなく電気モーターを搭載することで、操縦の仕方やメンテナンスの方法がいまよりも簡単になることも考えられ、そうすれば、一般の方でも気軽に航空機を使用できる未来がやってくるかもしれません。

電動化に加え、将来的には、水素を燃料とする航空機の開発も視野に入れています**【イメージ図㊦】**。それはJAXAだからこそ作れる航空機となるはずです。なぜなら、宇宙開発研究におけるスペースシャトルやロケットでは燃料に水素を使用しており、その技術を活用することができるからです。6ページでお伝えしたように、空を飛び、人やものを輸送するという点でも共通した技術であり、その連携を密にすることで、JAXAは水素航空機の開発で世界をリードできると考えているのです。

イメージ図

村上先生に聞く なんでもQ&A

Q 研究をするうえで、大切にされていることを教えてください。

A 幅広い教養を身につけることが大切だと感じています。幅広い教養があれば、色々なことに目を向け、問題意識を持つようになります。もちろん、研究に関する専門的な知識や技術は身につけておかなければなりません。しかし、幅広い教養がなければ、「現在ドクターヘリがどのくらい活用されているのか」といったことに気づくことはないでしょうし、「より活用できるようにするために時速500㎞のヘリコプターを作ろう」という発想にもならないでしょう。

社会が抱える問題に目を向け、その解決に貢献できる技術を開発していく、それが私たち研究者の役割だと考えています。

Q Sky Frontierは「まだ実現していないものを実現させる」ことをめざされていますが、どのような難しさがありますか。

A 新たなものを生み出すためには、これまでの仲間と、これまでと同じやり方で研究しているだけではうまくいきません。

大切なのは航空技術以外の分野を専門とする方々とも連携を強めていくことです。例えば「航空機電動化（ECLAIR）※コンソーシアム」もその取り組みの１つです。JAXAの航空技術部門が中心となって立ち上げたもので、航空機の設計やモーター開発などを行う民間企業が参加しています。新しい技術を作り出すためには、それぞれが得意な分野で力を発揮しながら、協力しあうことが必要なのです。

※共通の目標に向けて活動を行う団体

Q 村上先生は、幼いころから現在のような研究者をめざされていたのでしょうか。

A じつは違います。研究者になろうと決めたのは大学に入ってからです。それまでは、教員だった両親の影響もあり、同じ道に進もうと考えていました。その夢をかなえるためには、色々な知識を身につけなければならないと思い、どの科目にも力を入れて取り組んでいたところ、とくに数学と物理の勉強が楽しいと感じたんです。

そこで大学ではその学びを深めることにしました。私が大学生のころはちょうどスペースシャトルが話題になった時期で、もともと船や飛行機といった乗りものが好きだったこともあり、教員になるのではなく、航空技術を研究することに決め、現在にいたります。

Q 航空技術部門のSky Frontier以外の研究についてご紹介ください。

A 例えば、ヘリコプターに関するものだと、夜間や霧発生時など、視界が悪いときでも安全に飛行するための技術を開発しています。具体的には機体に取りつけた赤外線カメラの映像をヘッドマウントディスプレイを通してパイロットに見せ、操縦をサポートするというものです。

みなさんは、ヘリコプターを利用した捜索活動が夜間は中止になった、といったニュースを聞いたことはありませんか。これは、視界が悪いなかで低空飛行を行うと、障害物に気づくことができず危険だからです。こうした危険性を回避して、人命救助により貢献するためにはどうしたらいいのかという思いで始めた研究です。

Q 2020年は新型コロナウイルス感染症の影響で研究活動にも支障が出たのではないでしょうか。

A 研究は、仲間と相談したり議論したりしながらチームで進めていくものなので、テレワークが導入された当初は、それができないことにとまどいを感じた研究者も多かったようです。しかし、オンラインミーティングを定期的に行って、頻繁にコミュニケーションをとるなど、工夫して進めていきました。

ニュースなどでも伝えられているように、コロナ禍で航空業界は活気を失っています。しかし、いまだからこそ、航空業界の未来のために技術を磨いていきます。

Q これまでのご経験から、中学生のうちに、どのようなことに取り組んでおくといいと感じられますか。

A 健康第一ですから、運動をして身体を鍛えましょう（笑）。

ほかには、本を読んで幅広い教養を身につけておくのもいいですね。私は中高生のころ、図書館を利用はしていましたが、それは調べものをするためだったので、小説や評論などはあまり手に取りませんでした。その代わり、大学生になってからは小説なども含め月に10冊など、読書に多くの時間を費やすようになりました。そのときに感じたのが、中高生のうちからたくさんの本を読んでおけば、もっと色々な教養を身につけられたのではないか、ということです。みなさんはぜひ、いまのうちから読書を楽しんでください。

Q 中学生に向けてメッセージをお願いします。

A JAXAは宇宙開発にかかわる研究開発だけをしているのではありません。ここまでお伝えしたような未来の飛行機やヘリコプターの技術開発にも一生懸命に取り組んでいます。

みなさんが、もし将来研究者になったら、ぜひいっしょに仕事がしたいです。航空技術部門の職員全員が、楽しみに待っています！

JAXA（宇宙航空研究開発機構）
航空技術部門
https://www.aero.jaxa.jp/

調布航空宇宙センター
東京都調布市深大寺東町7-44-1
0422-40-3000

※通常は施設見学が可能ですが、現在は新型コロナウイルス感染症の影響で中止しています。

Special School Selection

★★★

多彩な取り組みで将来につながる力を養い社会のリーダーとなる

東京都 練馬区 ● 男子校

早《わ》稲《せ》田《だ》大《だい》学《がく》高等学院

所在地：東京都練馬区上石神井3-31-1
アクセス： 西武新宿線「上石神井駅」徒歩7分
生徒数：男子のみ1489名
TEL：03-5991-4156
URL：https://www.waseda.jp/school/shs/

●３学期制
●週６日制
●月～金６時限、土４時限
●50分授業
●１学年12クラス
●１クラス40名

附属校として早稲田大学との強いつながりを持つ早稲田大学高等学院。従来のプログラムに加え、時代に合わせた新しい学びも始まっています。今回は、2021年4月から学院長に就任される武沢護先生にお話を伺いました。

武沢《たけざわ》　護《まもる》 先生

教育の根幹にある3つの教旨とは

早稲田大学（以下、早稲田大）の附属校である早稲田大学高等学院（以下、早大高等学院）は、1920年に旧制早稲田大学早稲田高等学院として設置されたのが始まりです。早稲田大が定める「学問の独立」「学問の活用」「模範国民の造就」という3つの教旨を大切に、日々の教育を行っています。

2021年4月から学院長に就任される武沢護先生は「これらの教旨は、中学生のみなさんや高校生には少し難しく感じられるのではないでしょうか。そこで私は、次のように伝えたいと考えています。『学問の独立』とは、知的好奇心を旺盛にして自ら学ぶことであり、『学問の活用』とは、ただ学んで終わりではなく、その学びを活かし、社会の問題を解決しようと勇気を持ってチャレンジすること。そして、『模範国民の造就』は、よりよく生きることだととらえ、身体を鍛え、個性を磨き、自らが犠牲になることをいとわずに世の中に貢献すること。『自ら学ぶ』『学びを活かす』『よりよく生きる』、この3つを胸に『すこやかで、しなやかで、たくましい』社会のリーダーとなることをめざしてほしいです」と話されます。

切磋琢磨できる仲間と幅広く学べる環境

早大高等学院には附属の中学部があり、中学部から進学する中入生と、受験を経て入学する高入生は、高1から机を並べて学びます。

「受験を乗り越えてきた高入生は高い学力を持つとともに、中学時代に生徒会長や部活動の部長を務めていた生徒が多く、リーダーシップがあります。一方、中入生は、中学部で各教科を深く学んだことで高入生に負けない学力を身につけていますし、さらに『昆虫についてはだれよりも詳しい』『鉄道にかかわることなら、なんでも知っている』といったように、ある分野に秀でた生徒がいます。異性の目を気にせず、互いのいいところを認めあい切磋琢磨できる環境は男子校ならではです」（武沢先生）

高1は共通履修、高2から文系・理系のコースに分かれますが、全員が数学Ⅲも履修するなど、幅広く学ぶのが特徴です。

また、高2は全員がプログラミングや統計学に取り組むという時代に合わせた学習も始まっています。

プログラミング・統計学の授業を自ら担当する武沢先生は「プログラミングや統計学の知識を身につけることは、大学での学び、そして将来の仕事にも役立ちます。少し難しいと感じている生徒も、授業の内容を記録した動画を活用しながら一生懸命学んでいます。動画は何度でも見られますし、パソコンの操作などが苦手な生徒であっても自分のペースで進められます。動画はコロナ禍でオンライン授業を余儀なくされて作り始めたのですが、個々の学びをサポートするコンテンツとして役立っているので、現在も続けています」と話されます。

施設

けやき並木がある緑豊かなキャンパス【表紙写真】には、生徒が勉強や運動に思いきり取り組める施設がそろっています。

ラウンジ

図書室

フィットネスルーム

軟式野球部

第2体育館アリーナ

「書く力」を伸ばす 全員必修の「卒業論文」

特徴的な取り組みとしてあげられるのが、高3の「卒業論文」作成です。これまでに「沖縄における米軍基地問題～その解決策とは～」「徳川吉宗の藩主的性格の考察～藩政に始まり、岡山の時鐘堂を中心とした災害対策から～」「改正児童虐待の防止等に関する法律が児童虐待を防ぐことができるのか」といったものがありました。

「卒業論文」作成に向けた学びは、高2から始まります。「総合的な探究の時間」においてクラスの枠を越えた20名程度のグループを作り、資料の分析、問題の発見、仮説の設定、論証、プレゼンテーションを経て、小論文を書きます。一連の取り組みを通じて「探究力」や「書く力」を伸ばし、高3で1万2000字の「卒業論文」を仕上げます。

なお、高3では「卒業論文」の作成にあたって教員1名と生徒10名程度のゼミ形式で授業が行われます。なかには、早稲田大の教授からアドバイスを受けたり、大学の実験設備を利用して研究を深める生徒もいます。

バドミントン部

弓道部

競走部

室内合奏団

ジャグリング部

ラス・ギタルラス
（クラシックギターアンサンブル部）

部活動

2019年度に全国高等学校軟式野球選手権大会東京地方大会で優勝した軟式野球部や、ほかの学校ではあまりみられないジャグリング部など、様々な部があります。

「大学生になると、レポートや小論文などを書く機会が多いですから、『卒業論文』作成を通じて、大学でも役立つ力が身につくでしょう。また、『書く力』を伸ばすためには『読む力』も大事ですから、本をたくさん読むように伝えています。読書は知的好奇心を高めるので、冒頭で述べた『自ら学ぶ』にもつながるものです。

高校入試で小論文を実施しているのも『読む力』『書く力』を重視しているという本校から中学生へのメッセージです」と武沢先生。

第二外国語が必修 新たな取り組みも

国際教育が盛んなのも早大高等学院の特色です。英語では、読む・書く・聞く・話すの4技能をバランスよく育て、最終的に学術的な話題についても意見を言えるレベルまで英語力を高めます。加えて、第二外国語（ドイツ語・フランス語・ロシア語・中国語から選択）も必修科目として設置。2020年度は実施できませんでしたが、例年協定を結んでいる8つの国・地域にある学校や機関との相互交流も行っています。

こうした教育が評価され、2014年度から5年間、スーパーグローバルハイスクール（SGH）にも指定されていました。

「SGHでは、『日本における外国籍の子どもたちの言語習得』をテーマに、日本国内だけでなく、オーストラリア、ドイツ、イギリスでフィールドワークを行いました。この3カ国は、異なる国籍の生徒がともに学ぶ姿が日常的に見られる国々です。日本と海外の現状を比べ、どのような違いがあるのか、今後、日本ではどのような制度を採用していくべきかを考えました。こうした課題に向きあうことは、将来、社会のリーダーとなるために重要ですし、グローバルな視野を身につけることにもなると考えています」（武沢先生）

2021年度からは、SGHでの成果も活かしながら、SDGs（持続可能な開発目標）に関連したテーマなどで、新たな国際教育・探究学習を展開していく予定です。

1 | 2 4 6 7 / 3 5 8　1〜5 授業風景　6 オーストラリア研修　7 2020年度学院祭プロモーションビデオ（YouTube）　8 卒業生が経営する企業を訪問

早稲田大や卒業生と連携した進路指導

附属校として全員が早稲田大に進学できる早大高等学院では、「大学準備講座」や「自由選択科目」といった大学での学びにつながる科目も設置されています。いずれも高3が対象で「大学準備講座」には「法学特論」や「グローバルビジネス入門」、「自由選択科目」には「解析数論入門」「バイオサイエンス特講」などが用意されています。なかには早稲田大の教授が担当するものや大学生といっしょに学ぶものもあります。

進路指導は高1から計画的に進められ、例年、各学部の教授による学部説明会、早稲田大生や社会人となった卒業生による進路講演会などが実施されています。なおコロナ禍では、大勢が1カ所に集まることを避けるため、これらのプログラムは中止にせざるをえませんでした。しかし、新たに卒業生の協力を得て、生徒が自由に見られる動画が作られました。「大勢の卒業生が協力してくれたことが嬉しかったですね。また大学生や社会人それぞれの視点で様々な話をしてくれたので、生徒にも好評でした」と武沢先生。

高大連携教育は、勉強面だけにとどまらず、部活動でも行われています。各部は早稲田大の運動施設を利用でき、さらにラグビー部は大学の元監督から指導を受けています。

大学との強いつながりを持ち、多彩な学びを展開する早大高等学院。新たな取り組みもスタートし、今後ますます教育内容が充実していくことでしょう。

「本校では、大学進学を見据え、7年というスパンで生徒の成長を考えています。ですから、受験生のみなさんも、高校生活に加え、大学生活についても思いをめぐらせて入学してきてください。

知的好奇心を大切に、勇気を持って色々なことに挑戦する、そんな人を待っています。

今後は早稲田大との連携を強化するとともに、日本医科大学への指定校推薦枠（2名）ができましたので、医学部志望の生徒もサポートしていきます」（武沢先生）

学校生活

自主的に学び、国際交流プログラムや学校行事にも積極的に取り組むのが早大高等学院生の姿です。
ロールモデルとなる卒業生と触れあう機会が数多く用意されているのも魅力です。

写真提供：早稲田大学高等学院　※写真は2019年度のものも含みます。2020年度は中止・変更したプログラムもあります。

■2020年度卒業生 早稲田大学進学予定

学部	人数
政治経済学部	110
法学部	78
教育学部	15
商学部	45
社会科学部	30
人間科学部	3
スポーツ科学部	1
国際教養学部	9
文化構想学部	27
文学部	16
基幹理工学部	52
創造理工学部	51
先進理工学部	42

公立高校WATCHING

埼玉県立●男子校

春日部《かすかべ》高等学校

120年以上受け継がれる「質実剛健」「文武両道」の精神

埼玉県立春日部高等学校は、「春高《かすこう》手帳」を用いた自己管理能力の養成、3期目を迎えてさらに発展するSSHプログラムなど、様々な取り組みを行っています。部活動にも熱心に取り組む生徒が多く、活気あふれる雰囲気も魅力です。

新時代に応じた学びや独自の手帳が魅力

2019年に創立120周年を迎えた埼玉県立春日部高等学校（以下、春日部高）。坂上節校長先生が「本校は『質実剛健』を校訓、『文武両道』を教育方針とした県下有数の伝統を持つ学校です。

歴代の在校生は、そうした目標を体現するべく、飾りを捨て、真摯に自分と向きあいながら、勉学や部活動に励んでいました。そして心身ともに切磋琢磨するなかで、知識はもちろん、豊かな情操をも育み、強靭な肉体と強い意志を養ってきました」と語るように、「質実剛健」「文武両道」を体現する「広く社会で活躍できるリーダー」の育成をめざしています。

そんな春日部高の特色の1つに、生徒手帳とスケジュール手帳

坂上《さかがみ》 節《たかし》 校長先生

所在地：埼玉県春日部市粕壁5539
アクセス：東武野田線「八木崎駅」徒歩1分
TEL：048-752-3141
生徒数：男子1070名
URL：https://kasukabe1899.spec.ed.jp/

●3学期制　●週5日制
●月～金曜5時限、土曜3時限（隔週）
●1時限65分
●1学年9クラス　●1クラス約40名
※2022年度から月～金6時限、土曜4時限（隔週）、50分授業へと変更

の要素を備えた「春高手帳」の導入があげられます。行事予定が印刷された月間ページと、毎日の予定や学習時間が記録できる週間ページの2部構成で、スケジュール管理ができる優れものです。

「Society5.0（※）時代が到来し、教育現場には、『飛躍的な知の発見・創造など新たな社会を牽引する能力』の育成が求められるようになりました。その流れに応じて、本校の強みである独自の『学ばせ方』『教え方』をより発展させた教育を行っています。具体的には各教科で協働学習や学びあいを積極的に取り入れ、課題解決力、新たな価値を創造する力、物事を本質的に理解する力を育てています。

また、大学入試においても、『知識・技能』だけでなく、『思考力・判断力・表現力』や『主体性を持って多様な人々と協働して学ぶ態度』が問われるようになっています。春日部高はこれまでも『知識・技能』の養成はもちろん、『思考力・判断力・表現力』を伸ばす授業を行ってきました。

これらに加えて、『春高手帳』を活用することで、短期的・長期的な目標を明確に設定し、振り返りを行いながら目標を修正していくサイクルを、生徒自身が実践できるようになってほしいと考えています」（坂上校長先生）

※狩猟社会、農耕社会、工業社会、情報社会に続く新たな「社会」として政府が定義したもの。

タブレットを用いて発展的な授業を実践

高1・高2は一部の科目を除いて共通履修、高3で文系と理系に分かれるというカリキュラムを編成する春日部高。前述のように各教科で対話的な学びを多く用いることで「思考力・判断力・表現力」を鍛えつつ、数学や英語では少人数授業を展開するなど、基礎学力の養成にも力を注いでいます。

さらに、こうした学びを支えるための環境として、各教室にはプロジェクターを設置して様々な授業で活用。2020年度は、県から整備された約40台のタブレット（Chromebook）を使った授業研究が進められています。

「国語や英語、家庭科などで、生徒が1人1台タブレットを持ち、複数人による同時書き込み、情報共有、音声入力に活用しており、教員もテスト結果の集約・理解度の確認などに役立てています。こうした取り組みでは、生徒が『授業の構成者』となるので、主体的に学ぶ姿勢を引き出せますし、意見や考えを生徒間で相互共有できるので、内容の理解も深まっていたように感じます。

タブレット活用による学習効果は十分実感したので、従来の授業のよさは活かしつつ、よりよい授業の実践をめざして、今後もタブ

協働学習の様子（上）、「春高手帳」の週間ページ（下）。

部活動

運動部・文化部問わず、多様な部が熱心に活動、大会でも優秀な成績を収めています。

体操競技部

書道部

弓道部

吹奏楽部

ラグビー部

レットの活用について研究を継続していきます」（坂上校長先生）

3期目に入りさらに充実するSSHプログラム

　春日部高は２０２０年度、スーパーサイエンスハイスクール（SSH）３度目（各5年）の指定を受けました。第３期は『21世紀型スキル』を身につけ、科学技術分野のリーダーとして活躍する人材を育成するための統合プログラムの開発」をテーマに、「課題研究プログラム」と「SSHエキスパートプログラム」の２つを柱としています。その取り組みについて、坂上校長先生にご説明いただきました。

「第２期までは、必修は高１の『SS課題研究基礎』のみで、高２からは希望者が研究を継続する形でした。しかし第３期は、高２でも『SS課題研究』を必修とし、『春高Science Code（疑問→仮説→先行研究の検索→テーマ設定→検証→考察）』の流れをもとに、２年間かけて研究に取り組める体制を整えました。

　これらは、与えられた課題ではなく、生徒自らが設定した課題に対して仮説を立てたうえで、実験や検証を行い、最終的に考察、仮説の証明をするというプロセスを通して、「広く社会で活躍できるリーダー」を育成する『課題研究プログラム』として位置づけています」

　加えて、第３期から希望者向けに新たに立ち上げたのが「SSHエキスパートプログラム」です。理科系の学問を深く探究することを目的として、大学や企業と連携した研究活動、フィールドワーク、研修会など、本物に触れる機会を数多く用意。将来、科学技術関連の研究者をめざす生徒にぴったりのプログラムです。

部活動も全力で取り組む仲間と夢をめざせる場に

　春日部高では例年、様々な部が関東、全国大会で活躍していますが、２０２０年度は新型コロナウイルス感染症の影響で大会が相次いで中止に。坂上校長先生も、「イン

SSH

充実の一途をたどるSSHのプログラム。科学の甲子園などにも出場しています。

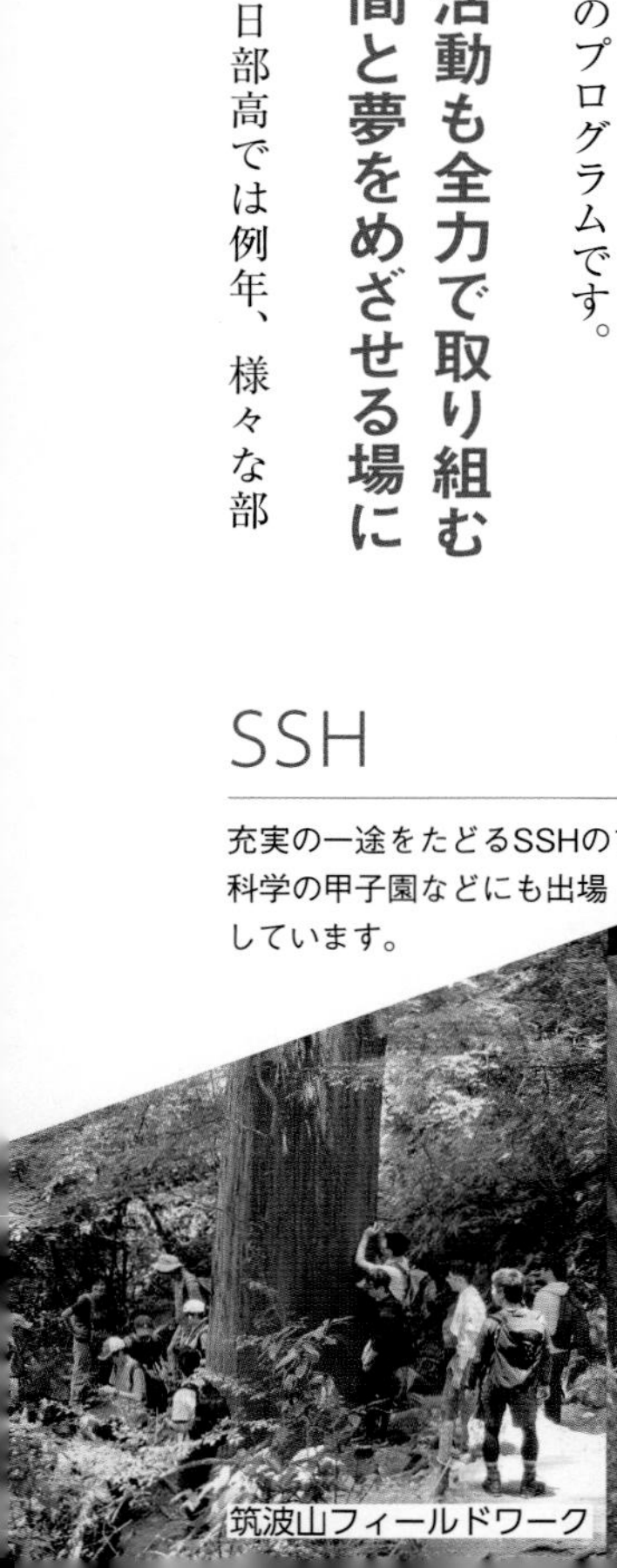
筑波山フィールドワーク

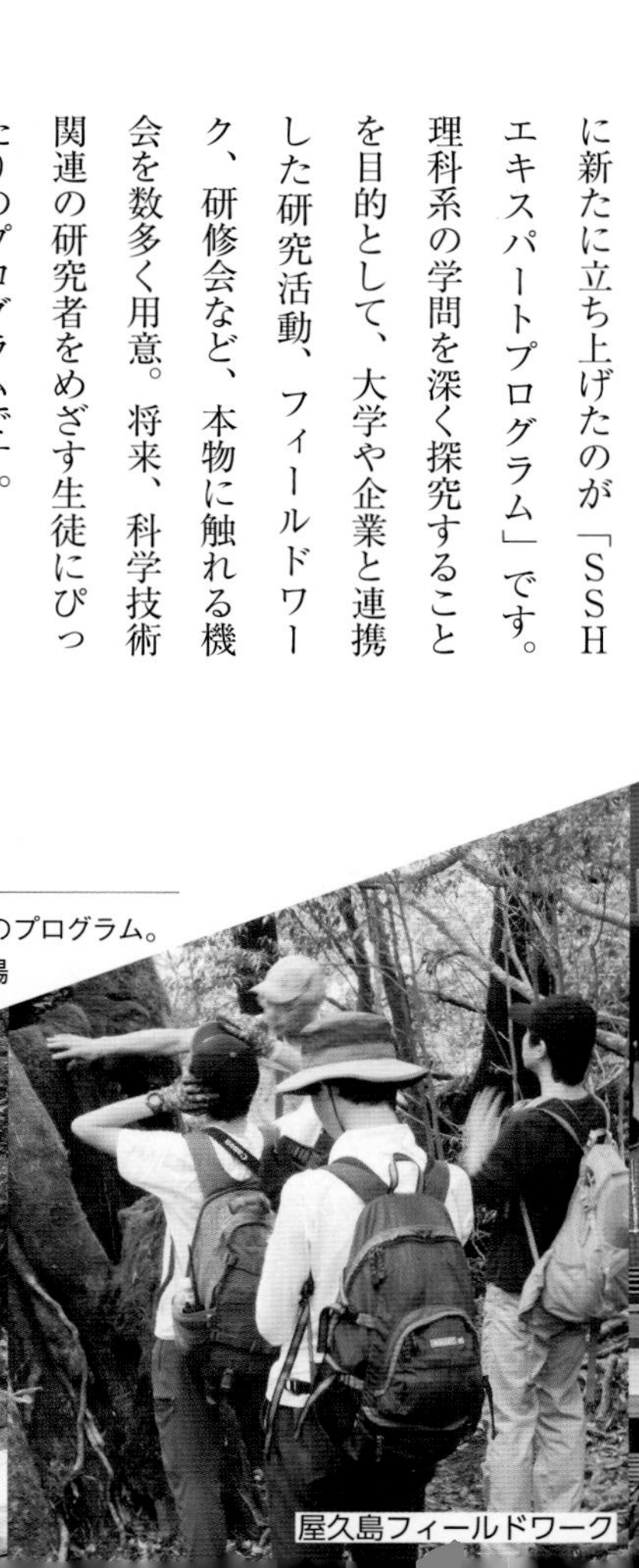
屋久島フィールドワーク

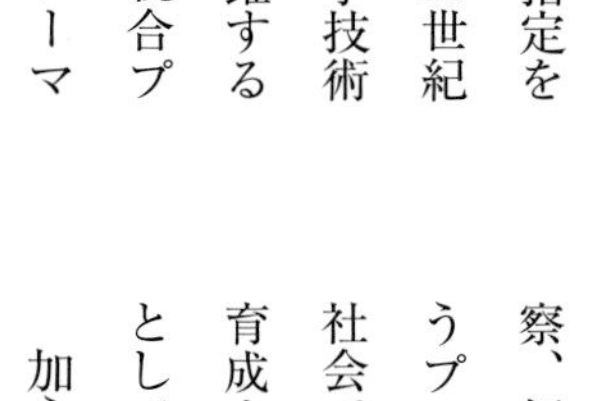
ポスターセッション

科学の甲子園出場

ターハイや夏の甲子園が中止、それに伴う地区大会もなくなり、全国高等学校総合文化祭がウェブ開催へ変更と、運動部も文化部も練習の成果を発揮する場が奪われました」と語られます。

しかし、春日部高の教員や生徒は、そんな状況でも次のようなことを大切にしていたといいます。

「教員は『いまできることを見つけて、一心にそれをすること』『与えられた環境で全力を尽くすこと』『知恵を働かせて、環境そのものをよりよいものへと変えていくこと』などを繰り返し語り、生徒はその言葉を胸に、与えられた条件で精一杯ベストを尽くそうと、色々なことを考えながら日々を過ごしていました。

秋に、陸上部が県予選を通過して関東大会出場を果たし、バスケットボール部が県ベスト4まで勝ち上がったのは、教員が語ったことを実践し続けてくれた、なによりの証拠だと思っています」（坂上校長先生）

こうした教えは進路指導にも活かされています。大変な情勢でも志望校合格に向けて努力を重ねる春日部高生が、彼らをサポートする教員とともに「夢」の実現をめざす。春日部高はそんなポジティブな雰囲気に包まれているのです。

なお、2020年度は開催が難しかったイベントもありますが、例年、講演会や説明会に加え、「社会人OBによる進路トーク」「難関大学に在学する先輩と語る会」「卒業生による合格体験を聞く会」など、お手本となる先輩と交流する機会が多くあるのが特徴です。そのほか、「大学教授による模擬講義」や、「大学体験授業・見学」といった、大学での学びを体験するプログラムも用意しています。

最後に読者のみなさんに坂上校長先生からメッセージをいただきました。

「春日部高に入学することは、最高の仲間たちと出会うこと、そして、自分と向きあうための舞台に立つことにつながります。みなさんが春日部高という舞台で、失敗を恐れず、様々なことにチャレンジし、自身の『夢』をさらに発展させる、『夢の進化』を成しえることを期待しています」

学校行事

行事も盛んな春日部高。例年、生徒が主となって様々な行事を大いに盛り上げます。

■2020年３月卒業生　大学合格実績抜粋　（　）内は既卒

大学名	合格者数	大学名	合格者数
国公立大学		私立大学	
北海道大	15(5)	早稲田大	62(19)
東北大	21(7)	慶應義塾大	35(17)
筑波大	7(1)	上智大	23(8)
千葉大	18(9)	東京理科大	95(50)
埼玉大	21(7)	青山学院大	16(2)
東京大	4(1)	中央大	76(21)
東京外語大	3(0)	法政大	104(49)
東京工業大	2(1)	明治大	126(36)
一橋大	2(1)	立教大	49(23)
名古屋大	1(0)	学習院大	20(13)
大阪大	1(0)	芝浦工大	115(54)
九州大	2(1)	その他私立大	534(302)

画像提供：埼玉県立春日部高等学校（写真は過年度のものも含みます）

私立高校 WATCHING

（東京）（杉並区）（共学校）

中央《ちゅうおう》大学《だいがく》杉並《すぎなみ》高等学校

新しい時代にふさわしい「共育と共創」の理念

中央大学杉並高等学校は、大学附属校としての特色を活かし、「社会で生きる」ために必要な力が身につけられる学校です。

大田《おおた》 美和《みわ》 校長先生

手にしているのは中央大学のマスコットキャラクター・チュー王子

所在地：東京都杉並区今川2-7-1　アクセス：西武新宿線「上井草駅」徒歩12分、JR中央線「荻窪駅」・「西荻窪駅」、西武池袋線「石神井公園駅」バス
生徒数：男子466名、女子521名　TEL：03-3390-3175　URL：http://www.chusugi.jp/

⇒3学期制 ⇒週6日制 ⇒月～金6時限、土2時限（3・4時限は希望者対象の土曜講座を実施）⇒50分授業 ⇒高1・高2は8クラス、高3は9～10クラス ⇒1クラス約40名

「真善美」の精神を大切にしてほしい

閑静な住宅街の一角にたたずむ、落ち着いた雰囲気が魅力の中央大学杉並高等学校（以下、中大杉並）。毎年9割以上の生徒が中央大学（以下、中大）へ進学する中大の附属校です。建学の精神「真善美」、教育理念の「共育と共創」を大切にしながら、大学受験に縛られない多様な学びを実践しています。

まずはそれらの言葉に込められた意味について、大田美和校長先生にご説明いただきました。

最初の「真」は知識を得るときの姿勢について示した言葉だそうです。与えられた知識を丸暗記するのではなく、自分で正しく見て、聞いて、考えようとする。生徒にはそうした心がまえをつねに忘れずにいてほしいのだといいます。

続いて「善」。これには、自分の考えに責任を持ち、主体的に判断をくだせる人になろうという意味が込められています。中大への進学に際しても、「将来についてよく考えて、自分でこの進路を選んだという自覚と責任を持ってほしいです。それも大人になるために必要な経験だと思っています」と大田校長先生は話されます。

そして「美」は、心が動く体験に出会う感性を大切にしましょうという意味です。プラスの感情にとどまらず、努力の成果が思うように出ずに悔しい思いをしたなど、マイナスな感情も心が動いたことになります。そうした豊かな感性を育める機会が、中大杉並には数多く用意されています。

「『共育と共創』は、教員から生徒への一方的な『教育』や、他者と勝ち負けを比べる『競争』よりも、『共に学び、共に育ちながら、共に未来を創り上げる』ことを大切にしたいというメッセージを含んでいます。

社会に出れば、他者と協力しながらなにかを成し遂げなければならない場面が増えるでしょう。高校は大学に入るための勉強をする場ではなく、大人になるために必要なことを学ぶ場であると私たちはとらえているので、そうした『共に学ぶ』時間をとくに大事にしています」（大田校長先生）

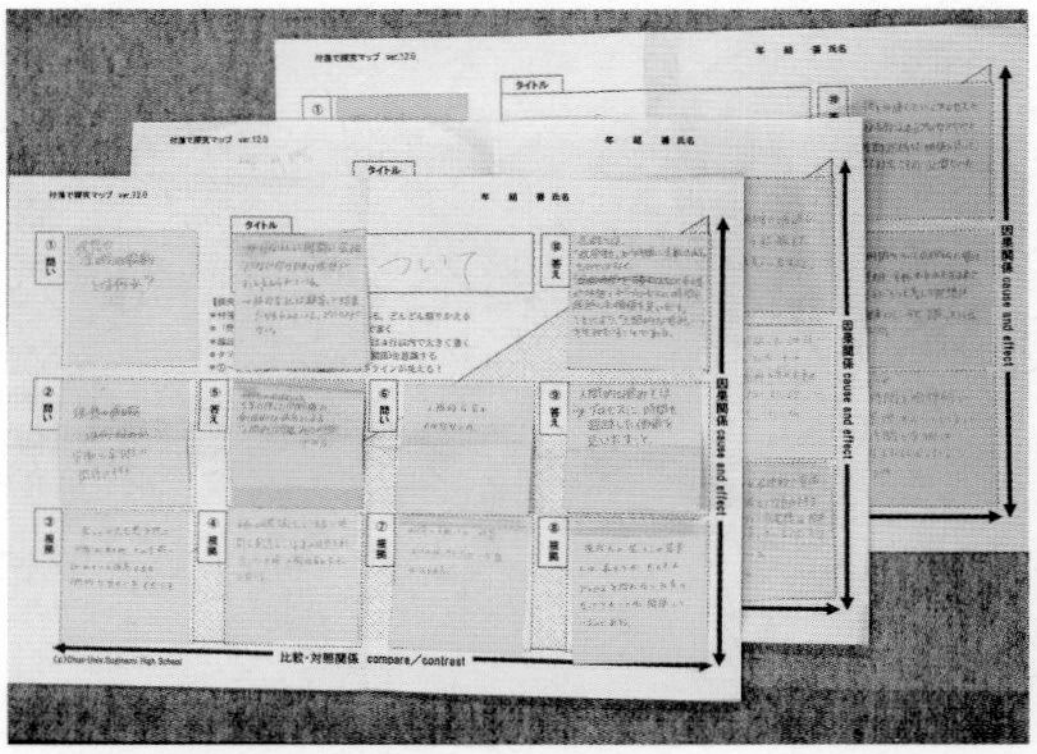
様々な授業で作成する「探究マップ」

自分を「自由」にする多彩な学びの数々

中大杉並は、伝統的にリベラルアーツ教育を重視しています。このことについて大田校長先生は、「リベラルアーツ教育は教養教育と訳されることが多いのですが、本来、リベラルとは『自由』を意味します。本校では大学附属校のメリットを活かした独自の学校設置科目や多様な分野に触れられる課外講座などを用意しています。

それらを通して、できるだけ幅広い世界に触れることが、自分を『自由』な世界へと導くこと、さらにはよりよい自分へと成長することにつながると考えています」と語ります。

また、日々の授業では、「共育と共創」のもと、グループワークやペアワークを積極的に導入しています。「探究マップ」というオリジナルのワークシートを用いた課題解決型学習（PBL）を頻繁に行っているのも特徴で、課題の発見・解決を自分でする訓練を積むことが、高3で取り組む卒業論文にも活かされています。

卒業論文はテーマ設定から自分で行うため、例えば「平成初期と現代の高校生の制服を比較することで、各時代の高校生を取りまく社会に対する意識の差」を論じたものなど、ユニークなテーマもみられます。中大文学部の教授でもある大田校長先生が「大学の教員としてみてもすばらしい」と語る特色あるプログラムの1つです。

海外の文化に触れ 視野を広げてほしい

さて、前述した課外講座というのは、毎週土曜日の3・4限に設定されている「土曜講座」をさします。多彩な講座を学年・クラスにかかわらず各自が自由に選択できる、まさに「学校全体がカルチャースクール」のようになる教養のための時間です。そのなかから、いくつかをご紹介しましょう。

「カウンセリング講座」は、中大から心理学の専門家を招いて行う本格的なものです。「中大式ピアカウンセリング」を通して、周囲の人々と良好な人間関係を築く手法を学んでいきます。

毎週異なる職種の社会人（卒業生）を迎えて、現在の仕事、その仕事を選んだ理由などを聞く「キャリアデザイン講座」。医師、公務員、ホテリエ（ホテルで勤務する人）、ゲームクリエイターなど、様々な場で活躍する方の話を間近で聞くことが、将来の視野を広げることにもつながります。

希望者対象のカンボジアでの海外研修に向けた準備講座として、「PBL版グローバルスタディーズ～カンボジアで学ぶSDGs」もあります。こちらの講師も、実際にカンボジアの復興に携わった中大の東洋史学専攻の教授ということからも、生徒たちになるべく「生の声」を聞いてほしいという学校の思いが伝わってきます。

ほかにも、「教育模擬国連&模擬国連入門」「法曹の世界を学ぶ」「プログラミング入門」「茶道講座」など、多岐にわたる講座が設置されています（2020年度は新型コロナウイルス感染症の影響で規模を縮小して実施）。

高大一貫教育では 大学生との交流も

そして、中大生の案内のもと、中大で大学生の学びを体験する「オープンキャンパス」をはじめ、中大との高大一貫教育が行われているのも大きな魅力です。進学先が決定した高3の3学期に受ける「アクセスプログラム」の内容は学部によって異なり、ゼミ体験をする学部もあります。こうした体験は、大学での学びに対する不安を緩和させることや、大学入学後にスムーズに学びをスタートさせることにも役立っています。

さらに、中大生と交流するプロ

土曜講座

土曜日は、1・2限が通常授業、3・4限が土曜講座となります。こうした講座が毎週開けるのは大学附属校ならではでしょう。

1

2

3

1. カウンセリング講座　2.茶道講座　3. キャリアデザイン講座

ログラムも充実しています。

なかでも中大杉並の図書館を舞台に行われる「スチューデント・ライブラリアン」は珍しい取り組みのため、これに参加するために中大杉並に入学した生徒もいるといいます。「高校生にもっと本を読んでもらうにはどうしたらいいか」をテーマに、図書館司書をめざす中大生と、読書会の開催や文化祭での展示物を作成します。

「ライティング・ラボ」は卒業論文の個別指導を中大の大学院生から受けられるシステムです。論文執筆にかかわる悩みも相談できるので、中大杉並の教員のサポートに加え、手厚い指導体制が整っているといえるでしょう。

「中大はいわゆるマンモス大学ですが、おもしろい取り組みを行う小さなコミュニティーが多くあり、『Vote at Chuo!!』という学生団体もその1つです。元々は、18歳選挙権の施行に伴い、若年層の投票率向上のために中大に投票所を開設したいという思いで設立されましたが、それが制度上難しいとわかってからは方向転換し、現在は高校生や大学生向けに選挙の大切さを伝える主権者教育を実施しています。

本校でも選挙に関する授業のあと、本物さながらの演説・投票を実施してくれました。大学生とのふれあいは高校生にとってもいい刺激となっているようです」（大田校長先生）

このように多様な力を身につけつつ、未来についても考えられる環境が整う中大杉並。大田校長先生は「たくさんの選択肢から自分に合う学校を選ぶのは、なかなか難しいと思います。しかし、いまなにが必要か、高校3年間でどんなことを学びたいのかを1つひとつひも解いていくと、おのずと道が開けてくると思います。

よく考えて、納得のいく学校を選んでください。それがもし本校であれば嬉しいですし、先輩も教員もみなさんのことを『共に学ぶ』仲間として迎える準備はできています。みなさんのことをお待ちしています」と結ばれました。

中大杉並は、「共に学び、育ち、創る」人々が集う学校です。

海外研修

台湾研修旅行（高2全員）のほか、希望者対象のカンボジアやイギリス、オーストラリアでの研修も実施しています。

高大一貫教育

中大との高大連携教育として行われる色々なプログラムを通して、大きく成長する生徒たち。

4．ライティングラボ　5.Vote at Chusugi!!　6. 台湾研修旅行　7. PBL版グローバルスタディーズ

写真提供：中央大学杉並高等学校　※写真は2019年度のものも含みます。2020年度は中止・変更したプログラムもあります。

■2021年3月卒業生
中央大学への内部推薦（名）

法学部	82
経済学部	56
商学部	54
理工学部	32
文学部	35
総合政策学部	20
国際経営学部	7
国際情報学部	6

ワクワクドキドキ
熱中部活動

法政《ほうせい》大学《だいがく》第二《だいに》高等学校

放送部

「読み班」と「映像班」が活動 学校内の小さなテレビ局!?

「読み班」と「映像班」の２つに分かれている法政大学第二高等学校の放送部。録音のできるブースや撮影機器など充実した設備を活用して、どちらも独自の活動を行っています。

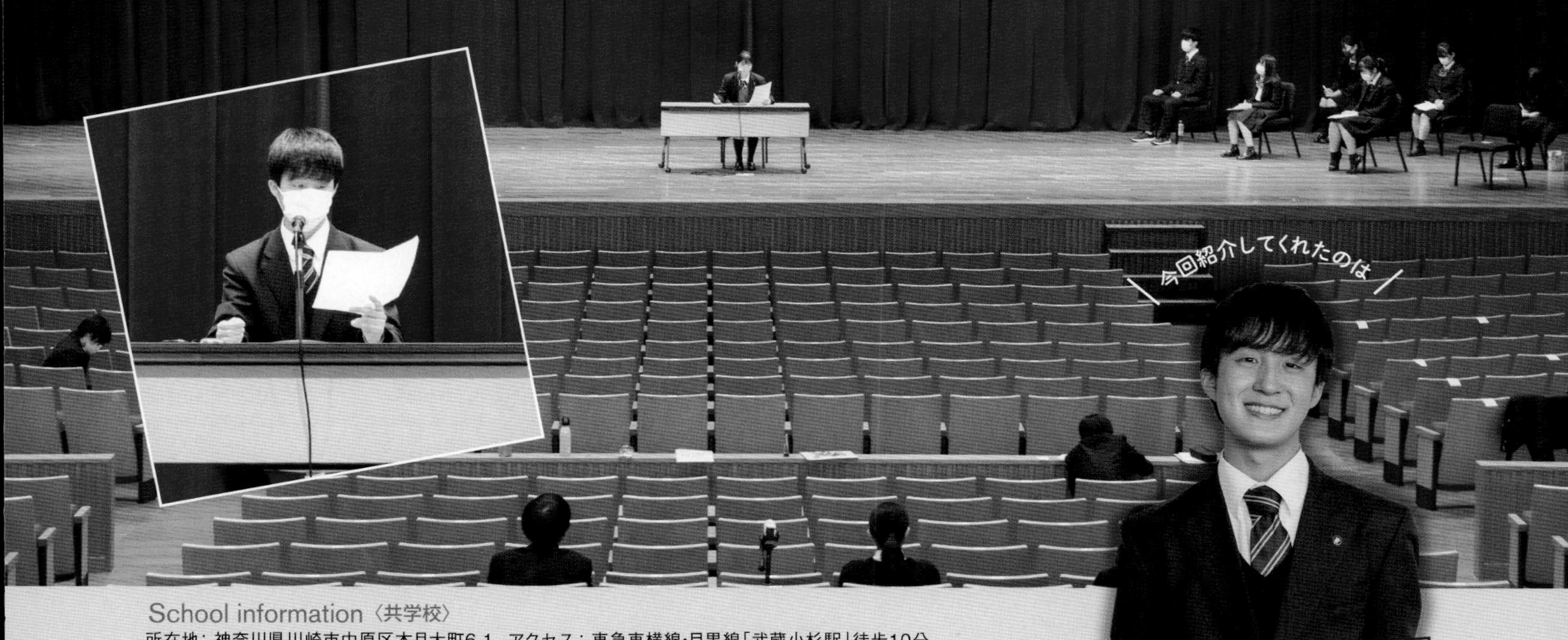

今回紹介してくれたのは

高２ 部長 読み班・アナウンス部門
早瀬《はやせ》 太亮《たいすけ》さん

School information〈共学校〉
所在地：神奈川県川崎市中原区木月大町6-1　アクセス：東急東横線・目黒線「武蔵小杉駅」徒歩10分、JR南武線「武蔵小杉駅」徒歩12分、JR横須賀線・湘南新宿ライン「武蔵小杉駅」徒歩15分
TEL：044-711-4321　URL：http://www.hosei2.ed.jp/

それぞれの味がある「読み班」の2部門

法政大学第二高等学校（以下、法政第二）の放送部には、「読み班」と「映像班」の2つの班があり、どちらに所属するかは、それぞれの希望に沿って決めることができます。

「読み班」はその名の通り、原稿を読み、その内容を聞き手に伝える班ですが、「アナウンス部門」と「朗読部門」に分かれており、部門ごとに違いがあります。原稿作成においては、「アナウンス部門」は神奈川県や法政第二の紹介など、あるテーマでオリジナルのものを作る一方、「朗読部門」は小説の一部分などを抜き出して作ります。

マイクに向かっては「アナウンス部門」が原稿の内容を冷静に伝えていくのに対し、「朗読部門」は本の読み聞かせのように、感情を込めるのが特徴です。ただし、「アナウンス部門」の原稿は、部員それぞれが特定のお店や人などに取材をしてすべて作っているため、セリフが組み込まれることもあり、そうしたセリフは感情を込めて読みます。

「私は『アナウンス部門』に所属しています。これまでに神奈川県の魅力を伝えるというテーマで横浜の赤レンガ倉庫にあるお店についての原稿を作りました。明治初期のアイスクリームを、現代風にアレンジして売っているお店で、店員の方に取材をし、その方の言葉や、実際に私が食べたときの感想を内容に盛り込みました」と部長の早瀬太亮さん。

普段の活動では、まず滑舌練習を行ってから発声練習、その後3～4名のグループを作って原稿の読みあわせを行います。

「活動は週5日あり、3日間は中学生と合同です。読みあわせのグループは、男女混合、学年混合にして、色々な部員と交流できるようにしています。中学生も高校生に気軽に意見を言えるような雰囲気で、学年にかかわらず仲がいいのが放送部の特徴です」（早瀬さん）

充実した設備を使って撮影、編集に取り組む

「映像班」は、「テレビドラマ」「テレビドキュメント」「ラジオドラマ」「ラジオドキュメント」の4部門に分かれており、映像作品に加えて、音声だけのラジオ作品も作成します。脚本作り、作品内での演技、撮影・録音、編集なども部員が自ら行います。ときには「読み班」の部員が演技をしたり、ナレーションを担当したりすることもあります。

「2つの班があることで、自分が興味のある活動に打ち込めるのが放送部の特色です。放送室には、録音ができるブースや撮影に使うカメラ、編集に使うパソコンなどの設備もそろっているので、放送部は小さなテレビ局みたいなものです。『読み班』はアナウンサーの役割を担い、『映像班』は作品制作を担当します」と早瀬さん。

文化祭では例年、「映像班」製作の動画を流しています。2020年度の文化祭（オンライン開催）では、法政第二のキャラクター「えこぴょん」が校内を案内する動画が配信されました。

コンテストを行う合宿 他校生やプロとの交流も

長期休暇中には、校内で1泊2日の合宿を実施しています。

「読み班」はある映像をテーマに原稿を作り、中高合同のコンテストを行うのが恒例です。通常は、前述したように取材などをしながら数カ月をかけて原稿を作るため、普段の活動よりも原稿作りにスピードが要

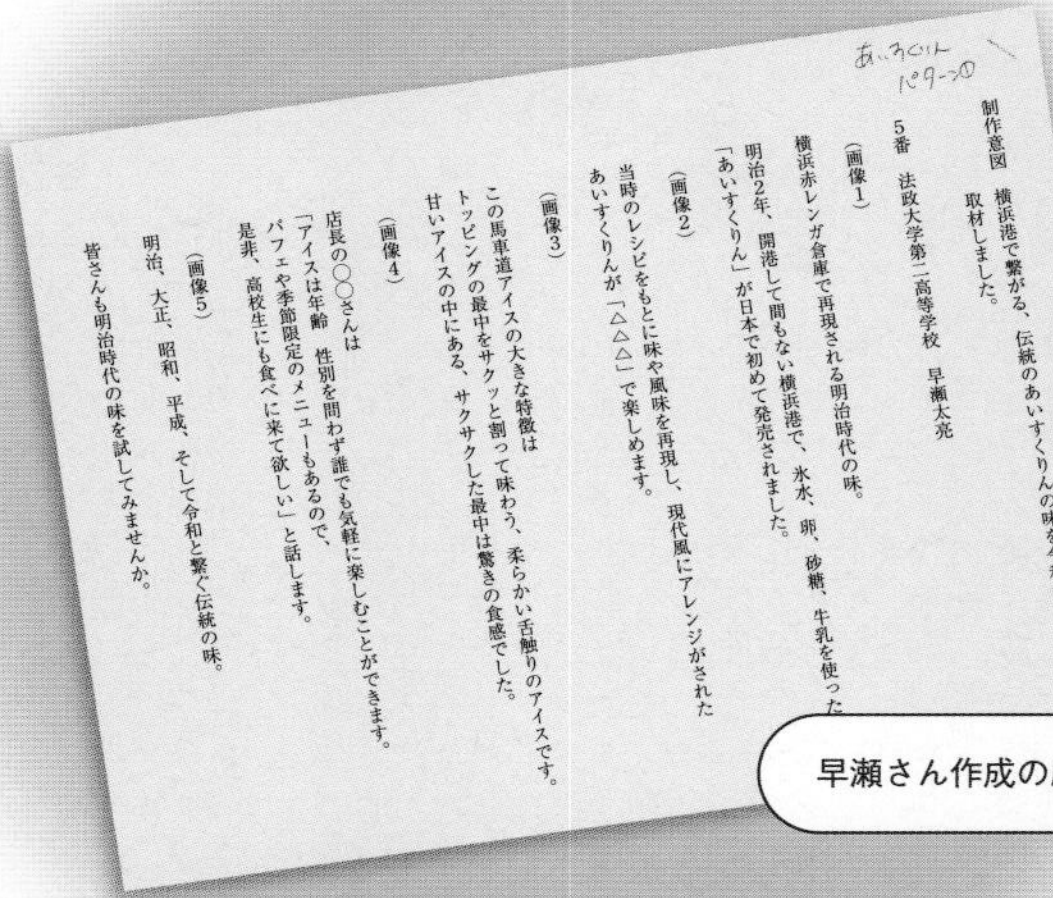
制作意図　横浜港で繋がる、伝統のあいすくりんの味を令和の時代でも広げ…
取材しました。
5番　法政大学第二高等学校　早瀬太亮
（画像1）
横浜赤レンガ倉庫で再現される明治時代の味。
明治2年、開港して間もない横浜港で、氷水、卵、砂糖、牛乳を使った
「あいすくりん」が日本で初めて発売されました。
（画像2）
当時のレシピをもとに味や風味を再現し、現代風にアレンジがされた
あいすくりんが「△△△」で楽しめます。
（画像3）
この馬車道アイスの大きな特徴は
トッピングの最中をサクッと割って味わう、柔らかい舌触りのアイスです。
甘いアイスの中にある、サクサクした最中は驚きの食感でした。
（画像4）
店長の○○さんは
「アイスは年齢　性別を問わず誰でも気軽に楽しむことができます。
パフェや季節限定のメニューもあるので、
是非、高校生にも食べに来て欲しい」と話します。
（画像5）
明治、大正、昭和、平成、そして令和と繋ぐ伝統の味。
皆さんも明治時代の味を試してみませんか。

早瀬さん作成の原稿

「読み班」の発声練習の様子

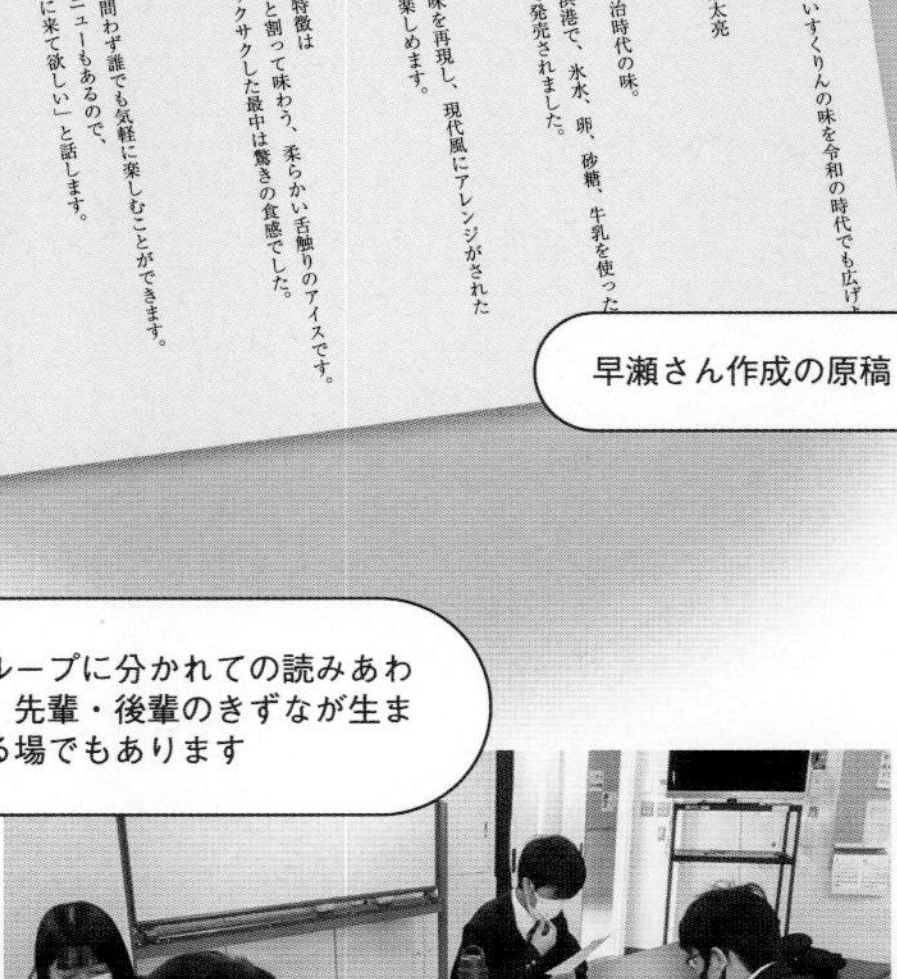
グループに分かれての読みあわせ。先輩・後輩のきずなが生まれる場でもあります

パソコンを使って、映像の編集を行う映像班の部員たち

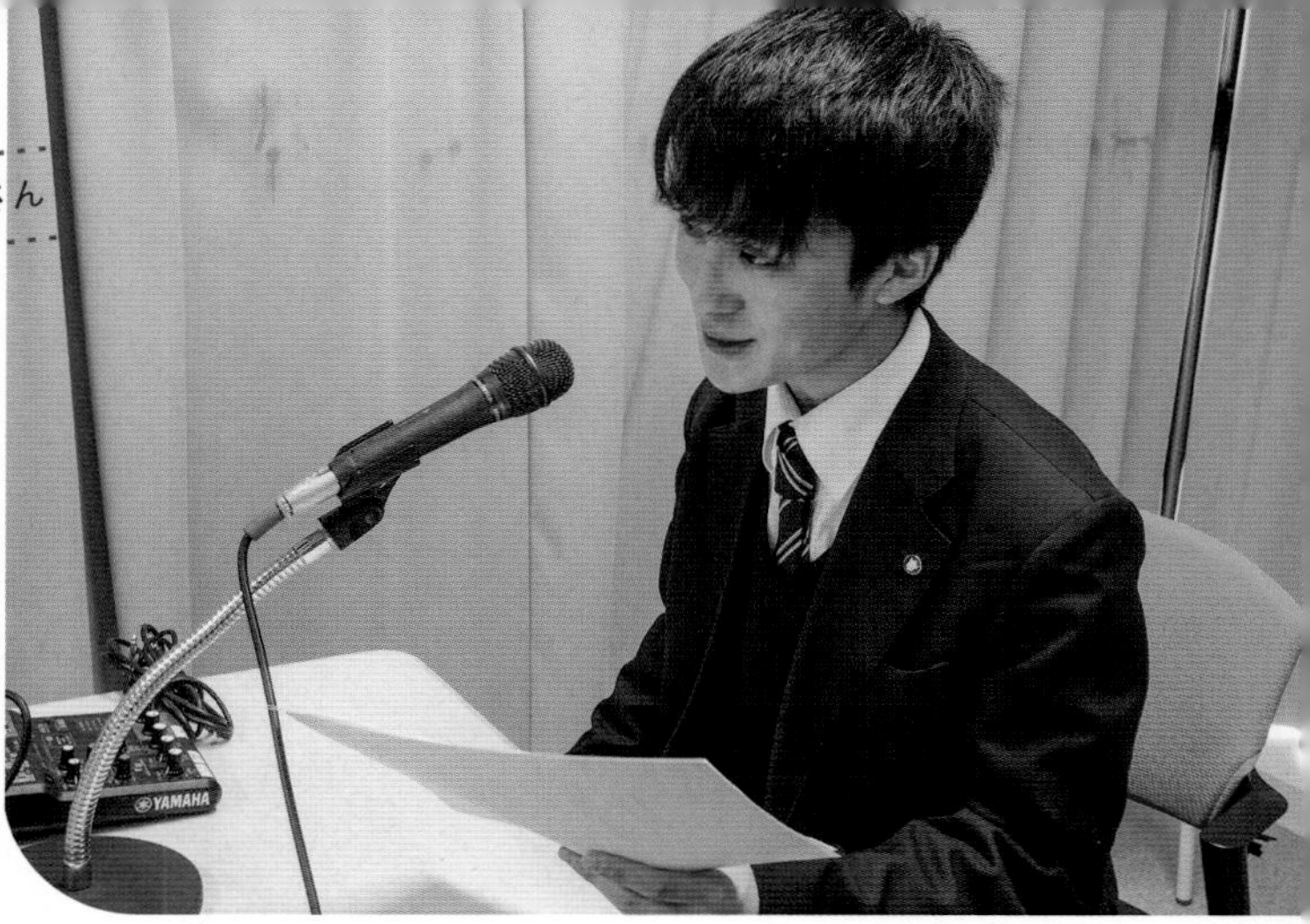

専用のブースで原稿を読む早瀬さん

画像提供：法政大学第二高等学校

求されますが、どの部員もコンテストでの上位入賞をめざして一生懸命に取り組みます。

一方、「映像班」は、いくつかのグループに分かれて、それぞれ映像作品を完成させます。2日間で撮影、編集を終え、完成した作品は卒業生による審査を受けて、順位がつけられます。

このほか、長期休暇中には、他校の生徒といっしょに、プロのアナウンサーが講師を担当する講習会にも参加しています。

「プロの方から指導を受けられる貴重な機会です。他校の放送部員と交流できるのも楽しいです。部員、卒業生の先輩、他校の放送部員、プロのアナウンサーの方など、色々な人とのつながりができて、自分の世界が広がっていくのが放送部の魅力だと感じます」（早瀬さん）

話すのが得意になれる大会への参加も積極的に

入部したきっかけを聞くと、「受験生のときに参加した学校説明会です。放送部の先輩が司会をしていて興味を持ちました。入学後の部活動説明会でも同じ先輩が司会をしているのを見て『話すのが上手でかっこいい』と思い入部を決めました。中学では吹奏楽部に入っていましたが、新しいことに挑戦したかったのでぴったりでした」と早瀬さん。

放送部には、早瀬さんのように、高校で初めて放送部に入る部員も多くいます。人前で話すことが苦手であっても、大きな声で堂々と話すほかの部員に刺激を受けて、徐々に声を出せるようになるといいます。

「私ももともと話すのが得意だったわけではありません。部の活動を続けていくうちに、授業で発表するときも堂々と話せるようになりました。普段から発声練習をしていれば、たとえ緊張していてもきちんと声を出せるようになります。面接などにも役立つと思います」（早瀬さん）

日々の練習で培った成果を発揮しようと、放送部員は大会への参加も積極的。例年、3つの大会に出場しています。そのうちの1つは、学校ごとに「アナウンス部門」「朗読部門」の参加人数が5名と決められているため、まず部内で、卒業生の先輩が審査員を務める選考会を行います。5位以内に入れば高1でも大会に出場できるので、みな真剣です。「映像班」も、各大会に向けて作品を作り出品しています。2019年度はNHK杯全国高校放送コンテストの「創作テレビドラマ部門」で制作奨励賞に入賞しました。

「読み班」「映像班」に分かれ、それぞれが特色ある活動を行う法政第二の放送部。今後、社会情勢が落ち着き、来校型の学校説明会や文化祭などが開催されるようになれば、受験生のみなさんも、放送部員の姿を実際に見ることができるようになります。興味を持った方は法政第二を訪れてみてはいかがでしょう。

勉強 先輩からのアドバイス 受験

高2 早瀬 太亮さん

Q放送部は週に5日活動していますね。勉強との両立が大変だと思いますが、なにかコツはありますか。

普段からどの授業もしっかりと受けることです。勉強を中途半端にすると、部の活動も中途半端になると思うので、どちらも妥協せずに一生懸命に取り組んでいます。

Q法政第二を志望校に選んだ理由を教えてください。

学校説明会で、生徒会長や放送部員が司会などをしている姿を見て、生徒が主体となって学校生活を送れると感じたんです。それまで色々な高校の学校説明会に参加していましたが、そんなふうに感じたのは法政第二が初めてでした。

Q実際に入学してどうでしたか。例えば、学校行事なども生徒主体で企画・運営されているのでしょうか。

文化祭も体育祭も生徒会を中心に、各部や委員会が協力しあって開催しています。学校説明会でイメージした通りの生徒主体の学校です。

Q中学生へのメッセージをお願いします。

勉強にも部活動にも学校行事にも全力で取り組んで、中学校生活を満喫してください。中学校には中学校でしかできないこと、高校には高校でしかできないことがあると思います。中学生の間は高校生活や高校生に憧れを持つと思いますが、いましかない中学校生活を思いきり楽しんでほしいです。

勉強は、普段の積み重ねが大切だと思います。部活動との両立や受験勉強がつらいと感じるときもあるかもしれませんが、乗り越えれば、その先になにかが見つかるはずです。自分を信じて頑張ってください。

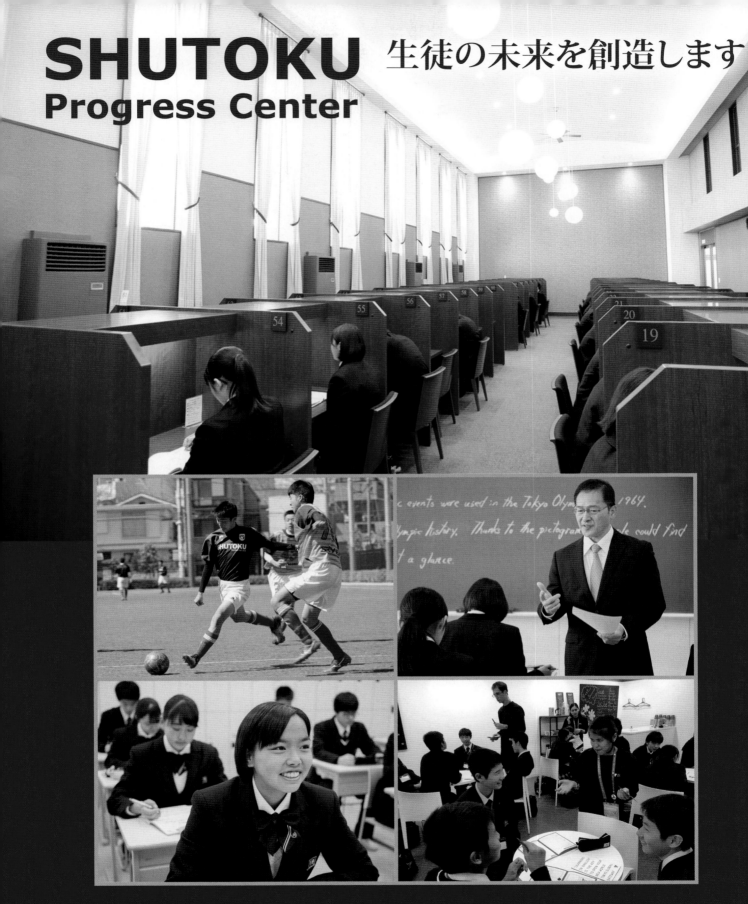

始まった「新たな学び」

高校受験はどう変わる？

春４月、それぞれ学年が進み、いよいよ受験学年となる中学3年生も気を引き締めていることでしょう。さて、みなさんは中学校での日々の学習が少し変わってきていることに気づいていますか。じつはいま、みなさんの学びは、5、6年前とは大きく変わっています。今回はその学びの変化と、それが高校受験にどのようにかかわってくるのかについてもお話ししたいと思います。

新しい学習指導要領ってどんなものなんだろう？

中学校では、改められた「学習指導要領」での学びが、この4月から全面実施となります。学習指導要領とは、文部科学省（以下、文科省）が定める教育課程（カリキュラム）の基準のことです。幼稚園から高校まで全

始まった「新たな学び」 高校受験はどう変わる?

国の学校が、この基準に基づいて授業を行っています。そして、この学習指導要領は社会の要請や時代の変化に沿って、約10年ごとに見直され、改訂されます。

じつはいまが、その改訂の時期であり、中学校での全面実施がこの4月というわけです。導入にあたっては2年間の準備期間（移行期間）が設けられ、みなさんもこの2年間、新しい学習指導要領に沿って学んできました。

いま、世の中の情報化・グローバル化は加速度的に進み、AI（人工知能）の飛躍的な発達もあって、社会は大きく激しく変化しています。

身の回りのもののほとんどはインターネットで結びつき、AIによる意思決定が簡単に実現できる時代が、そこまできています。これからの若者は、そんな世の中の変化を前向きに受け止め、よりよい豊かな未来を築いていかなければなりません。

社会の変化に対応して生き抜く資質・能力を育む責任が学校教育にはあります。それを見越して学習指導要領は、ほぼ10年をひと区切りとして改訂されているのです。

新時代に必要な資質・能力は自ら未来を切り拓く力

つまり、学習指導要領は、みなさんが未来を生き抜くために必要な資質・能力獲得のお手伝いをするものです。では、新たな学習指導要領が、みなさんに身につけてほしい資質・能力とは、いったいどんなものでしょうか?

文科省の『新しい学習指導要領の考え方』では、「知識・技能」「思考力・判断力・表現力など」「学びに向かう力、人間性など」を3つの柱としてあげています。

新時代を生き抜くための、これら3つの力を各教科の学びを通じて、バランスよく一体的に育成しようとしているのが新学習指導要領です。

では、具体的には学校の授業はどう変わっていくのでしょうか。

小学校では、英語やプログラミングの学習が始まりました。

みなさんの中学校では、英語を通じて、他国の文化への理解を深め、「聞く」「話す」「書く」「読む」といったコミュニケーション能力の養成が

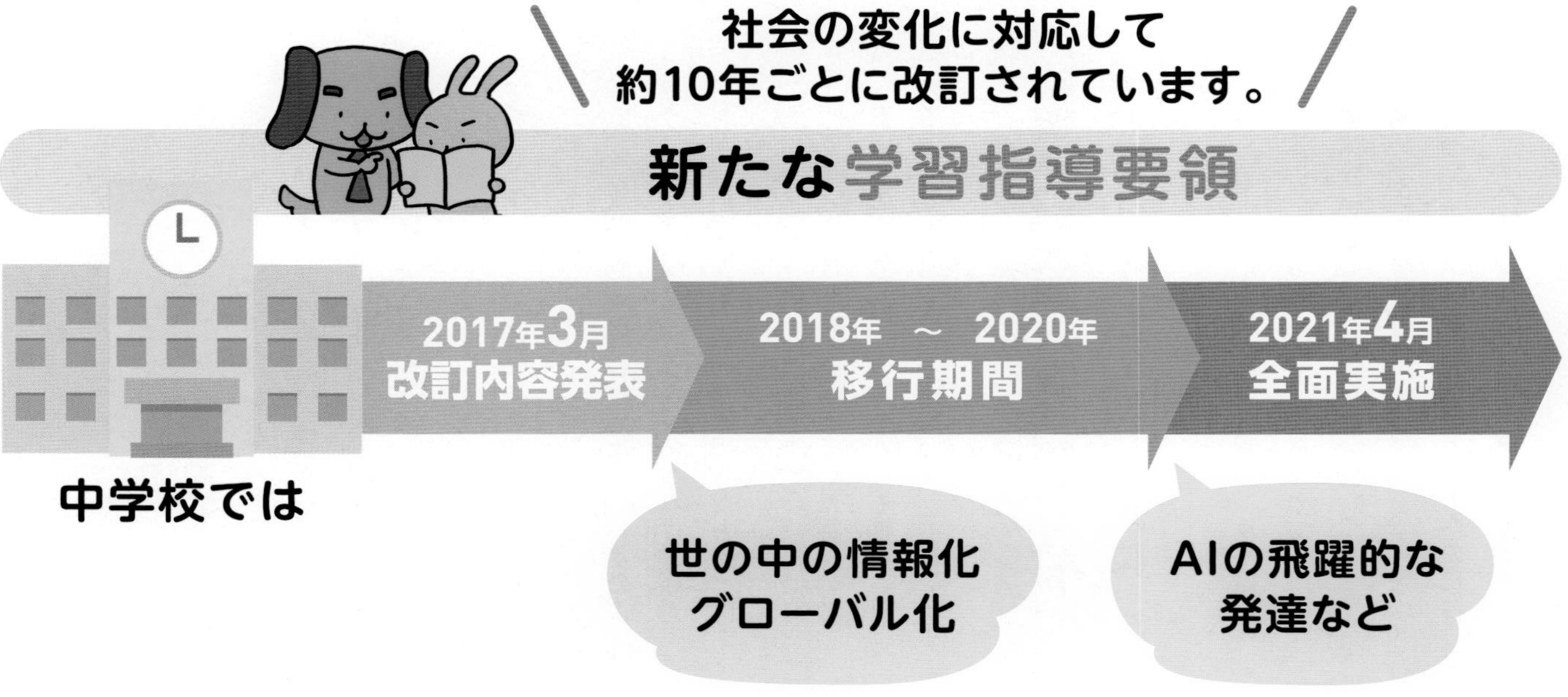

新しい学習指導要領の考え方

1. 知識・技能
2. 思考力・判断力・表現力など
3. 学びに向かう力・人間性など

時代に応じて
求められる能力も
変化するのじゃ！

めざされます。

　中学校では英語の授業時数が各学年で105時間から140時間へと大きく増えます。そのうち文法事項等の学習内容はほとんど増加しません。増えていくのは実践の場での力、つまりコミュニケーション能力育成の時間です。

　プログラミングもより深く学ぶようになり、受動的な学習だけではなく、インターネットの活用やプログラミングによる問題解決といった能動的な学習が始まります。

「なにをやるか」だけではなく「どのように学ぶか」を重視

　新学習指導要領では、「主体的・対話的で深い学び（アクティブラーニング）」の視点から、生徒の学習方法をより主体的、能動的、協働的にしていくことも重要視しています。

　生徒は学ぶことに興味や関心を持ち、自己の将来の方向性と関連づけながら将来も見通して学び、さらに自己の学習活動を振り返ることでもプラスにつなげます。

　また、生徒同士の協働や、教職員や地域の人との対話を原動力に、考えを広げ深めることがめざされます。

　「習得・活用・探究」という、らせん状に深まる学習進行のなか、各教科の特質に応じた「見方・考え方」で、問題を発見し、解決策を考えたり、創造したりする学びが生まれます。これらを総合したものが「主体的・対話的で深い学び」の視点であると文科省はいっています。

　みなさんがグループディスカッションやディベートなどを通じて、能動的に、そして協働して行う「アクティブラーニング」で、「なにをやるか」だけでなく、「どのように学ぶか」を考えるようになれば、新たな学習指導要領の狙いが表出したものといえます。

　このような「1人で学んでいた従来の教育からの脱却」が、みなさんにも期待されているのです。

始まった「大学入学共通テスト」それは高校入試の道しるべに

　さて、この1月、大学入試センター試験（以下、センター試験）の後継として、大学入学共通テスト（以下、共通テスト）が、初めて実施されました。

　センター試験から共通テストへの移行は、「大学入試改革」の一環ですが、その

始まった「新たな学び」 高校受験はどう変わる？

変化は当然のように次回の高校入試に影響を与えます。

共通テストでは「知識・技能」「思考力・判断力・表現力」「主体性を持って多様な人々と協働して学ぶ態度」を、入試でバランスよく評価することに重きがおかれる方向へと転換しました。

具体的には、日常生活の一場面を素材に、課題を発見し解決方法を考えさせる問題、複数の文章や図版をもとに考察する場面など、受験生の「読解力」が問われる設問が多くみられ、「どのように学ぶか、学んだか」をふまえた問題の設定も目につきました。

国語、外国語では「複数の資料を読み込む、引用する、批評する」こと、数学では「公式を覚えるだけでなく、その意味を具体的な値に落とし込み吟味できるか」、地理歴史では「史料をもとになにを根拠とし、どう考察して表現するか。教科書だけでなく、世の中の動き、ニュースなどに関心を示しているか」、理科でも「複雑に見える図やグラフを読み解き解決につなげられるか」が求められました。

これらは前項で述べた学習指導要領が示した学習の3つの柱に呼応しています。共通テストにおける大学入試の変化が、高校教育での「どのように学ぶか」を変化させ、それが高校入試で受験生に課される設問に色濃く反映されることも間違いありません。

これらをふまえたうえで、次のページでは森上展安氏が、大学入試の変化を高校入試への道しるべととらえ、みなさんが進むべき道を考えます。

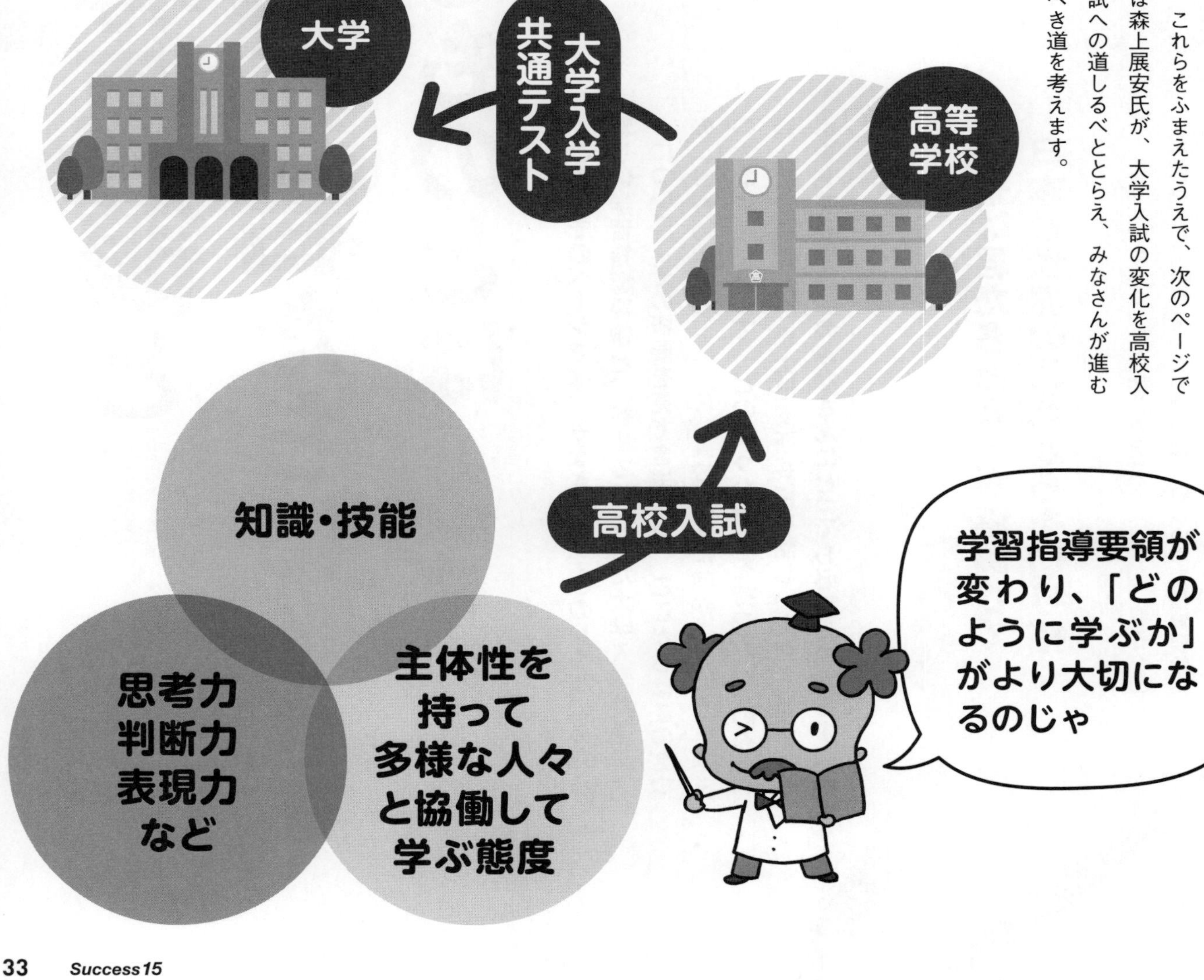

新学習指導要領と新大学入試が君たちに期待しているものとは

森上教育研究所 所長
森上展安

ここまでのページでは、みなさんの学びのレールにあたる新しい学習指導要領と、初めて行われた大学入学共通テストについて、その概要を見てきました。ここからはこの2つの「学びのポイント」が、高校受験に向かっていく受験生のみなさんにとって、どのような意味を持っているのかを、森上教育研究所の森上展安所長にお話しいただきます。サポートする保護者のみなさんにとっても必読の内容です。

将来は君たちとAIが協働して日本と世界のこれからを切り拓く

新しく始まった大学入学共通テスト（以下、共通テスト）が注目されています。その理由は、新しい学習指導要領に基づいた初めての出題だということが大きなポイントでし

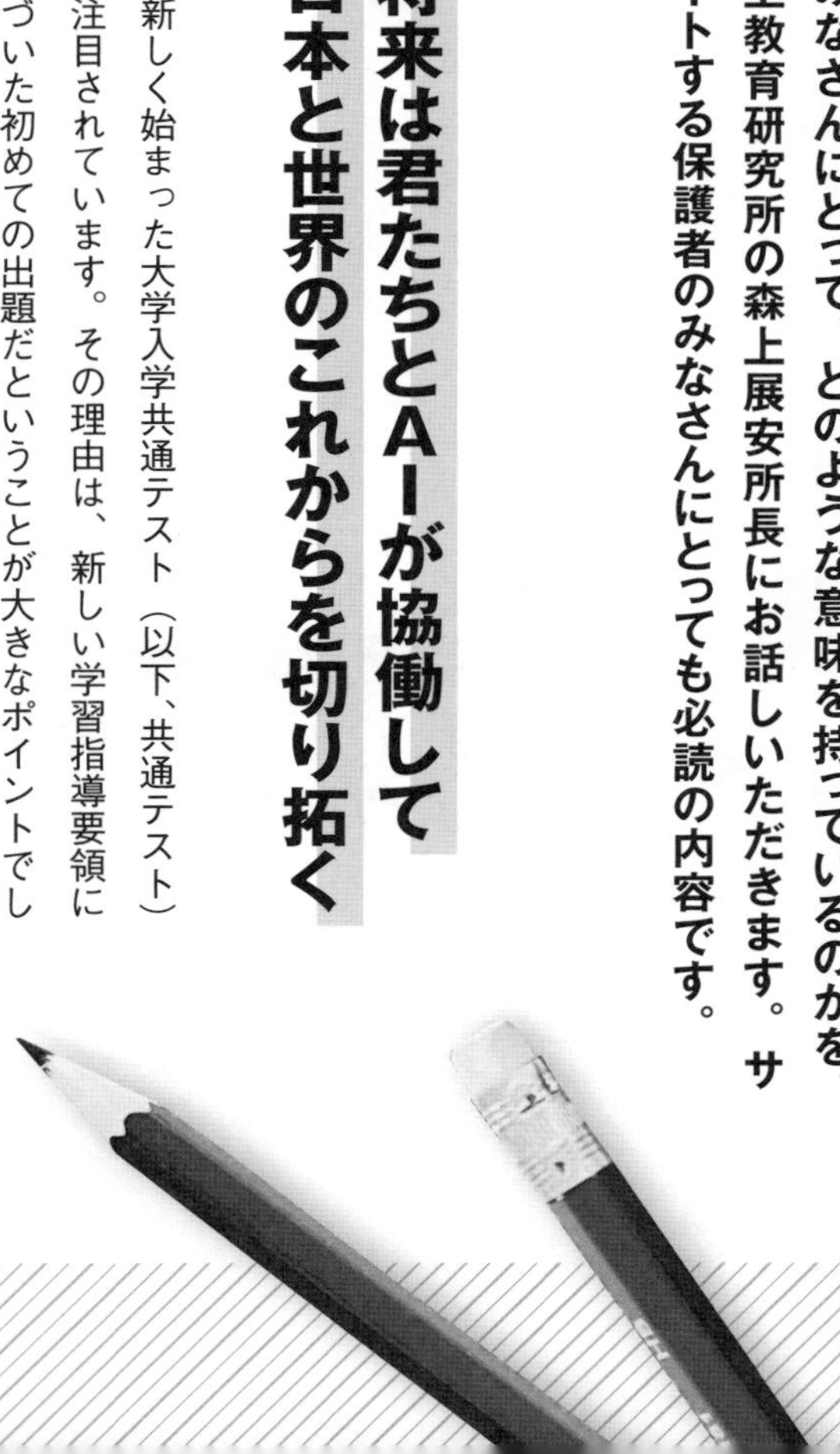

新学習指導要領と新大学入試が君たちに期待しているものとは

初めて実施された大学入学共通テストで、コロナ禍への感染対策のため間隔を空けて座る受験生たち（写真提供／朝日新聞社、1月16日、東京大学）

た。

新しい学習指導要領の学びは中学生のみなさんにとっては、移行期間を通じて、すでに学校での学習がそうなっている、という意味で体験済みのことなのですが、それが入試にどう反映するかに関心が払われたわけです。

それと同時に受験生である高校生がこれまでの大学入試センター試験（以下、センター試験）と同じくらい得点できたのかどうか、そこも注目されました。

結果は、予想された通り図表の読み取りが各科目で多用され、また、受験生の側もこれまでと同等の得点をあげられた、と伝えられています。

ところで、わざわざセンター試験から共通テストへと名称を変更したのは、知識・理解中心のこれまでの学習法から、思考力・判断力・表現力という学力観を加えたことが背景にあります。

ではそのような学びの変化はどうして生まれたのでしょうか。

『会計が動かす世界の歴史』（ルートポート著、KADOKAWA刊）という本があります。その本には、リーマン※ショックによって、その後の労働分配率がどうなったか、それを調べた結果が示されています。労働分配率とは、ひと言でいえば「企業が稼いだお金を社員にどれだけ分配しているか」を数字にしたものです。

同書によれば、リーマンショック後、上昇した国もあれば下降した国もあるのですが、それらの差は、「技術革新の速度」に対応したスピード教育にカギがある、ということがわかってきたのだそうです。

ここにAI（人工知能）が登場します。AIと人間がコンビを組んで「技術革新」をやり遂げると、労働分配率が上昇する、というのがこの本の主張です。

ひるがえって今回の学習指

※リーマンショック＝アメリカの投資銀行・リーマン・ブラザーズ社の経営破綻（2008年9月15日）に端を発し、連鎖的に世界規模の金融危機が発生した事象。

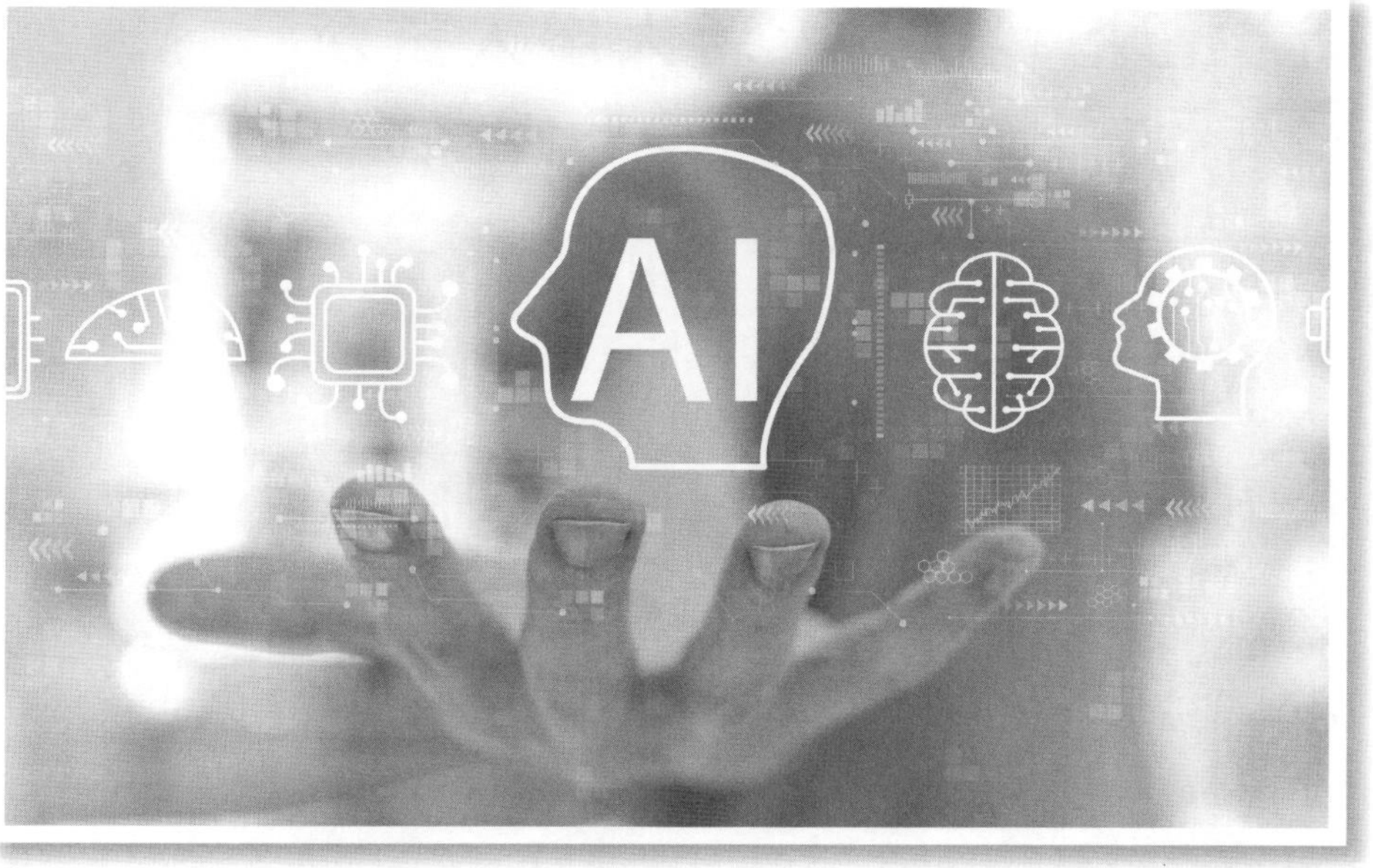

導要領の改訂部分や、それに基づいた共通テストの出題方針は、基本的にはこの本が主張する「技術革新の速度」に呼応するスピード教育の必要性をふまえていると思います。

新たな学習指導要領も、これと同じ方向を向いているといえますし、そのような教育が実践され活かされるだけのスタンスを持った大学入試になっていくだろうともいえるでしょう。

このことに、学習する主体である受験生本人や、それを支える家族は自覚的であるべきでしょう。

中学生のみなさんには、少し難しいことをいってしまっているかもしれません。

しかし、いまの中学生が社会に出るころにAIがかなりの仕事をするようになっているであろうことは、ほぼ世界共通の認識です。

そこで、AIに仕事を奪われるのではなく、AIと協力し、うまく仕事をして生産性を上げるようにすることで豊かに生きていくことを模索してほしい、というのが今回の学習指導要領改訂の意味するところであり、中学生であるみなさんは社会から、それを要請されているのです。

新たな学びに対して、みなさんも現状を理解し将来を見通して、これからの行動を決めていくことが大切だ、と思えてくるのではありませんか。

保護者の方々も、子どもたちの将来にやってくる「偽らざる現実」についてはお考えだと思います。

幸いわが国は、教育期間が少なくとも高校までは事実上義務化されていますから、厳しい労働市場に出るまでにはまだ数年間猶予があります。十分間にあうのです。

読解力と論理的文章力の獲得が必要な時代はそこまできている

一方、共通テストでは、各科目を通じて読解力を試されました。

「わかっているか」どうかこそが問われたのです。問われていることを理解し、考えて記述するとなると、表面的な理解では十全な解答にはなりません。

しかし「わかった」受験生は、いわば満点さえとれます。これまでのような「記憶と習熟」にかなりの時間を費やすことよりも、なにが論じられているかがわかりさえすればもうそれで足りる、ともいえます。

その意味では学習の仕方が劇的に変わる可能性があるの

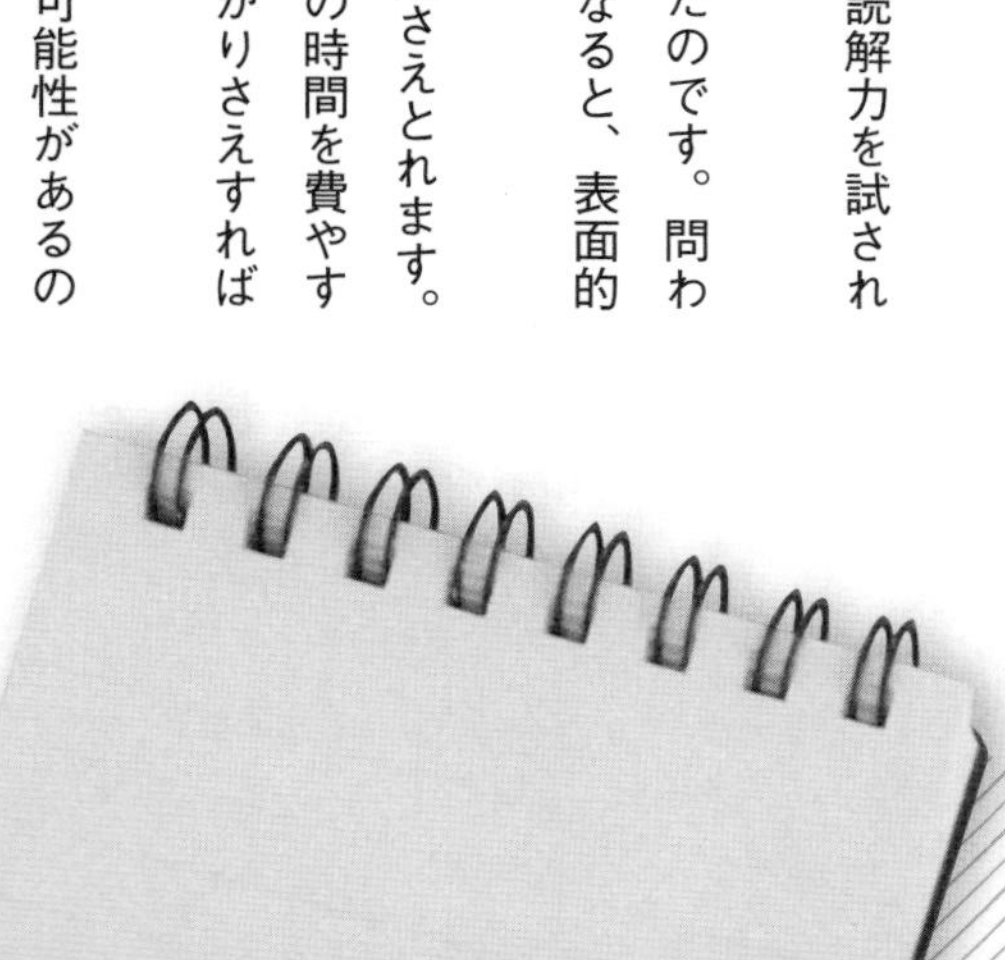

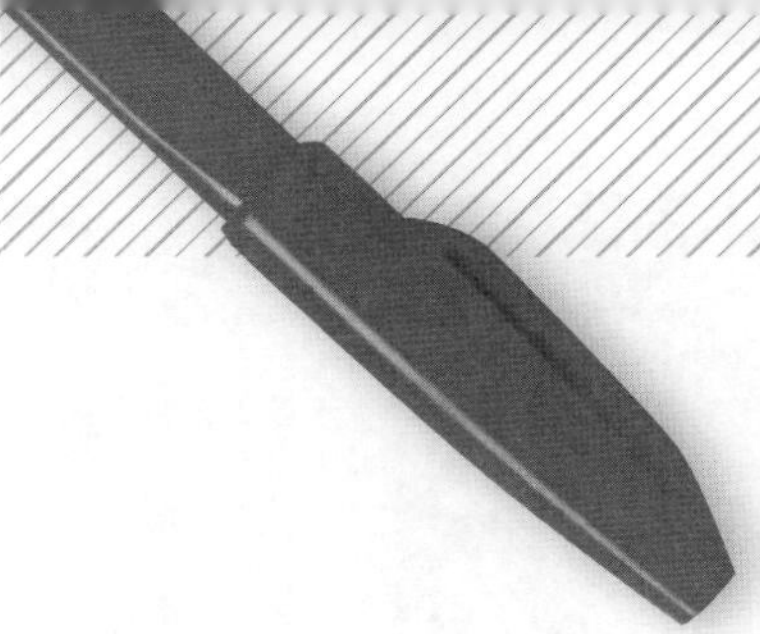

新学習指導要領と新大学入試が君たちに期待しているものとは

日本史A

問6　次の史料は，カオルさんが閲覧した新聞である。下線部ⓐも踏まえ，この記事の内容について述べた文として正しいものを，下の①～④のうちから一つ選べ。 6

史料

朝日新聞　東京新聞　日本産業経済　毎日新聞　読売報知
共同号外
昭和十九年六月十六日
定価一部二銭　編集発行人　杉山勝美　印刷人　吉見亦郎　東京都麹町区有楽町二ノ三　発行所　朝日新聞東京本社

今暁北九州に敵機来襲
わが損害は極めて軽微
二十機を邀撃（注1）、数機撃墜

大本営発表（昭和十九年六月十六日八時）本十六日二時頃支那（注2）方面よりB29及B24二十機内外北九州地方に来襲せり、我制空部隊は直ちに邀撃し其の数機を撃墜これを撃退せり我方の損害は極めて軽微なり

サイパンに上陸企図
三度来襲、今なお激戦中

大本営発表（昭和十九年六月十六日五時）一「マリアナ」諸島に来襲せる敵は十五日朝に至り「サイパン」に上陸を企図せしも前後二回これを水際に撃退せり
敵は同日正午頃三度来襲し今なお激戦中なり

（注1）　邀撃《ようげき》：迎え撃つこと。
（注2）　支那：当時用いられた中国の呼称。

① 「B29」とは，中国の爆撃機の種類である。
② 「大本営」とは，戦局を伝える新聞社の連合組織である。
③ 史料では，日本軍が，サイパンに上陸しようとした米軍を2回撃退したと報じられている。
④ 史料では，空襲による北九州の深刻な被害が強調されている。

始まった大学入学共通テストではグラフや図版をもとに考察する「読解力」が問われる設問が多くみられた〔㊤は日本史Aより〕

です。当然、図表も増えますが、時事的・社会的・科学的な課題も多くなります。

では、どう克服していけばよいのか。具体的には新井紀子著の有名な『AI vs. 教科書が読めない子どもたち』（東洋経済新報社）という本で、著者が読解力に限定して対処法を示しています。ぜひ一読してみてください。

例えば国語では作品の鑑賞がこれまでは主流でした。しかし、新井先生が同書で示されていることはこれからの共通テスト対応としても十二分に有効ですし、なによりこれから先の学習で国語の学び方に多くの気づきが得られるのではないかと思います。

というのも、これからの学びはプログラミングがその一角を占めるようになります。プログラミングは日本語をもとにして学ぶわけですが、論理的に文章を構築しなければプログラミングはうまく進みません。前項でAIとの協同ないしは協働が労働分配率を上げていくカギだと記しましたが、日本語という言語の使用法も鍛えていく必要があるのです。

今回の共通テストでは、記述式の導入が見送られました。採点をコンピューターで行おうとしていたものの、精度をそこまで高められない、という技術上の問題があったからです。しかし、もし記述式が導入されていたとしたら、はたして受験生は応えられていたのでしょうか。受験生の言語技術について、現状では論理的に文章を書ける教育が十分なされているとは思えないのです。

近々、コンピューターは採点技術の高度化をクリアするでしょう。中学生のみなさんも、いまから意識的に努力して論理的文章を書けるようにしておくことが必要です。

大学入試は「まだ遠い」と受け止めていてはいけません。共通テストの出題を参考に学び方を変えていくべきだと思います。

森上教育研究所
1988年、森上展安氏によって設立。受験と教育に関する調査、コンサルティング分野を開拓。私学向けの月刊誌のほか、森上を著者に教育関連図書を数多く刊行。

受験生のための
明日へのトビラ

いよいよ受験学年となり高校選びも本格化してくる３年生、「そろそろ高校進学も考えなきゃなあ」という２年生、ここからのページは、高校のこと、その教育のこと、高校入試のこと、中学校での学びも含めて、そのあれこれをお伝えするページです。保護者の方も必読です。

P40 突撃スクールレポート　明法高等学校
P42 佼成学園女子高等学校
P44 スクペディア　緑ヶ丘女子高等学校
P45 成城学園高等学校
P46 富士見丘高等学校
P47 西武台高等学校
P48 高校教育新潮流　NEW WAVE
変わりゆく高校の英語教育
注目される英語に強い学校
首都圏の長期留学校３例
P56 高校受験質問箱
P60 レッツトライ！　入試問題

NEWS

全国　3月末までに1人1台の端末貸与 GIGAスクール構想実現に向け加速

みなさんの中学校には、１人１台、各自専用のパソコン教育端末（ノートPCやタブレット）が届いていますか。もし、まだ届いていない学校でも３月末日までには整備される予定です。

文部科学省は2019年末、全国の小中学生全員に端末を配布する「GIGAスクール構想」を打ち出しました。「GIGA」とは「Global and Innovation Gateway for All」の略で、「すべての子どもたちに、公平公正に教育ICT環境の整備を実現する」ことを目的としたものです。

当初は、2023年度末までに配布を終える予定でしたが、2020年、新型コロナウイルスの感染拡大に伴い多くの小・中学校が休校となった際、遠隔授業などの活用が、学校や自治体によってバラツキがあることが判明しました。そのため政府は、緊急経済対策でGIGAスクール構想の前倒し実施を決定していました。

国の補助金で各自治体が学校への配布を担っていますので、地域によって差はありますが、今年度末までには実現しそうです。

なお、全国の小中学校に端末や無線LANの整備が進むことによって、懸案となっている「デジタル教科書」の導入も加速しそうです。

首都圏　難関私立大学附属校の人気足踏み コロナ禍による安全志向の影響か

本誌締め切り（２月15日）までに首都圏各都県の公立高校の入試結果はまだ判明していませんが、私立高校の入試動向がほぼ出そろいました。

そのなかで昨春まで続いてきた早慶を代表とする難関の私立大学附属高校志向に、ブレーキがかかっていることが判明しました。

とくに早慶の附属、系列高校では志願者の減少がめだちます。反対に日本大学系列の附属高校などでは志願者が増えています。原因としては、コロナ禍での受験への不安から出願校数が絞られたことや、初めての大学入学共通テストの中身がよくみえないといったことから安全志向が働き、難関への挑戦を回避したのではないかとの見方が伝えられています。

もともと難関大学附属高校の人気が高まっていたのは、「附属であれば大学入試という関門を避けることができ、高校生活を満喫できる」というのが大きな理由です。さらに首都圏の大規模大学に対して、入学定員を超える合格者数の割合についての管理が厳格化されたことから、大学入試が難化したことも大学附属校人気に拍車をかけました。これらの要因を考えると、来春以降もこの流れが継続するかどうかは不透明です。

首都圏 首都圏の私立高入試で5教科導入校が増加 千葉で多くの上位校が、東京で巣鴨が参入

首都圏の私立高校入試の試験科目は国語、数学、英語の３教科──。そういうイメージをみなさんはお持ちと思います。そんななか近年、社会、理科を含めた５教科入試を導入する学校が目を引いています。

首都圏ではこれまで５教科入試を行うのはおもに公立高校でした。都立・県立以外で５教科入試を実施する高校は限られ、東京では国立大学附属の筑波大学附属駒場や筑波大学附属、東京学芸大学附属などと、私立では難関校の開成ほか、埼玉では栄東ほかが５教科入試です。

ただ、私立高校の５教科入試導入に先鞭《せんべん》をつけた千葉県私立では、2017年度入試から渋谷教育学園幕張が３教科の後期入試を廃止して５教科一本に。市川も同年度から一般入試を５教科に、昭和学院秀英も５教科に切り替え、専修大松戸は今回の入試から、従来の３教科に社会・理科も加えた５教科か、３教科のどちらかを選択する方式に変えています。こうして千葉では私立高校の２割程度が５教科入試を採用する流れとなっています。

さて、東京で今回の入試から５教科入試校となったのが巣鴨です。これまで国語・数学・英語の３教科だった入試教科を、社会・理科も加えた５教科と、従来通りの３教科、どちらかを選択して受験する方式に切り変えました。

高校入試での５教科導入に踏みきったわけは様々に推測できますが、３年後の大学入試で、国公立大学や医学部対策には５教科が必要だということを意識したものだと考えられます。ゆくゆくは５教科入試一本への移行も視野に入れているでしょう。

大学進学実績で、首都圏トップランクの高校には中高一貫校もしくは５教科入試の高校が並びます。

中学入試では、上位校は英語を除く４教科で入試を行います。大学入試では、国立大学などの難関突破には５教科をしっかり学んでおかなければ立ちいきません。「中高一貫校か５教科入試校」が大学進学実績をあげるのは当然ともいえます。その間をつなぐ高校入試だけが３教科というのは、つながりが悪いわけです。

一方の対策として、高校入試を取りやめた中高一貫校も多くあります。中学入試を経た生徒だけで大学入試に取り組ませた方が大学進学実績につながると考えているからです。東京の私立女子校では豊島岡女子が追随して、高校募集する上位校は見当たらなくなり、同男子校では本郷も高校募集をやめて、上位校では前記した巣鴨と、開成、城北（入試は３科目）ぐらいとなっています。

受験生にとって選択肢が狭くなり、都立難関校への進学もさらに難化するでしょう。首都圏では、優秀な生徒は中学受験でほとんどが抜けてしまう傾向が強まっているなかで、高校から入学できる私立上位校は貴重な存在です。ここにきての千葉私立や東京・巣鴨の思惑がどこまで成功するかも注目されます。

突撃スクールレポート

G ソフトテニス部　H チアダンス同好会

明《めい》法《ほう》高等学校

〈共学校〉

東京ドームの1・2倍の広さを誇るキャンパスには、広々としたグラウンドや2つの体育館、宿泊型学習施設「明法学院ハウス」など、高校3年間を思いきり楽しめる施設と環境が整っています。

伝統の少人数教育をベースに生徒自治で躍進する進学校

「社会に貢献できる人材の育成」を建学の精神に、1964年に開校した明法高等学校（以下、明法）。2019年度より共学化を実施し、時代の潮流に合った教育改革を進めています。

「開校から57年が経ち、世の中のグローバル化が進み、男女共同参画社会が当たり前になったいま、男女が理解しあいながら高校生活を送ることが、建学の精神を具現化するための土台に必要不可欠だと考えて共学化を実施しました」と語る早川哲生教頭先生。

自ら考え、行動する生徒の主体性を大事にする教育は共学後も変わることなく、明法の教育に息づいています。昨年、コロナ禍で多くの学校行事などを中止または延期した学校が多いなか、明法では「実施するか否かは生徒たちに任せる」という学校方針のもと、生徒会が中心となり、生徒たち自らがコロナ感染対策を考え、体育祭と文化祭を実施しました。また、部活動も緊急事態宣言解除後の早い段階で活動を再開しています。

「本校では生徒たちの成長にとって学校行事や部活動はとても大事な活動だと考えています。色々なご意見もありましたが、生徒を信じて、そのほとんどを生徒の主体性に委ねました。これができたのも本校の伝統的な少人数教育によって醸成された生徒と教員の信頼関係があったからこそだと思いま

Photo　A 明法学院ハウス　B 器楽授業　C カンボジア研修　D GSP ターム留学　E 修学旅行　F 明法祭(文化祭)

写真提供：明法高等学校

す」と早川先生。

明法の1クラスは約30名編成で、常勤教員1名あたりの生徒数は11名と、生徒1人ひとりを面倒見よく指導できる体制が整っています。また、明法には全寮制の学校としての歴史があり、その学校風土が生徒と教員の距離を縮める要因の1つになっているのではないかと早川先生は話されます。

難関大学合格へ導く学習サポートと進路指導

明法では、志望大学へ合格するためのコース制を導入しています。高1は入学試験の結果で「特別進学コース」と「総合進学コース」に分かれますが、クラス編成は両コースの混合です。全員が同じカリキュラムで学びつつ、数学と英語のみ3分割した習熟度別授業を展開しています。高2からは志望校別のコース編成となり「国公立・難関私大コース」と「私大合格コース」に分かれ、それぞれの進路に合わせたカリキュラムで志望大学合格をめざします。

学習サポートも充実していて、なかでも生徒の主体性が発揮される取り組みが「STUDY CAMP」です。キャンパス内の「明法学院ハウス」において年5回、定期考査前に希望制で実施する学習合宿で、毎回、仲間と寝食をともにしながら切磋琢磨して学習に取り組む生徒たちの姿がみられます。

進路指導では、大手大学予備校の講師経験者や大学のAO入試面接担当経験者など、総勢8名のプロフェッショナルを進路指導部専属として配置し、生徒個々の希望をかなえるためにきめ細かなサポートを行っています。その結果、2020年度大学入試では前年比で大きな伸びをみせ、2021年度大学入試においてもさらなる飛躍が期待されています。

また、明法は、21世紀型教育を実践する学校としても非常に存在感を示しています。高1の3学期に約3カ月間ターム留学する「Global Studies Program（GSP）」は明法独自のプログラムで、21世紀型スキルを学んだ多くのグローバル人材が世界へ羽ばたいています。昨年は思うような活動ができませんでしたが、山梨学院大学のiCLA（国際リベラルアーツ学部）と提携するなど、今後を見据えた新しい取り組みも進めており、明法教育の基幹プログラムであることには間違いありません。

「本校は伝統的にルールで生徒を縛るのではなく、生徒の主体性を非常に大事にする学校です。高校に入って、なにか新しいことをやってみたいと思っている生徒さんには、とても居心地のいい学校だと思います。そして我々教員がそのサポートをしっかりと行っていきます」と早川先生。

共学1期生の女子生徒が生徒会長に就任するなど、共学化以降、着実に新たな歴史が刻まれ始めている明法です。

スクールインフォメーション

所在地：東京都東村山市富士見町2-4-12
アクセス：西武国分寺線・拝島線「小川駅」徒歩18分、JR中央線ほか「立川駅」・西武新宿線「久米川駅」・西武拝島線「東大和市」バス
生徒数：520名
TEL：042-393-5611
URL：http://www.meiho.ed.jp

2020年3月卒業生　おもな合格実績

東京都立大	1名	学習院大	3名
茨城大	1名	明治大	7名
早稲田大	3名	青山学院大	4名
慶応義塾大	2名	立教大	2名
上智大	2名	中央大	8名
東京理科大	3名	法政大	4名

G

H

突撃スクールレポート

D ロンドン大学研修（SGクラス）　E イマージョン授業（美術）　F 高大連携授業　G バスケットボール部　H ハンドボール部

佼《こう》成《せい》学《がく》園《えん》女《じょ》子《し》高等学校

〈女子校〉

佼成学園女子高等学校は、世界を舞台に活躍するための「人間力」と「英語力」を教育の2つの柱におき、他者の生きる力となれる女性の育成に日々取り組んでいます。

21世紀型教育と高大連携を推進し次のステージへ向けた学校改革を実施

グローバル・リーダーの育成を重点的に実施する学校として、2014年度、文部科学省からスーパーグローバルハイスクール（SGH）第1期校に指定された佼成学園女子高等学校（以下、佼成女子）。「フィールドワークを通じた多民族社会における平和的発展の研究」をテーマに掲げ、学校全体で地球規模の課題に取り組んだ結果、2017年に開催された第1回SGH全国高校生フォーラムの英語ポスターセッションにおいて、最優秀校1校に与えられる文部科学大臣賞を受賞するなど、その活動内容は全国で高い評価を受けています。

「2019年にSGHの指定期間は終了しましたが、今後は、そこで培われてきた学びのノウハウを最大限に活かした本校独自の21世紀型教育を推進し、グローバルに活躍できる人材を育てていきます。加えて、本校の設立理念の具体的な例としてあげられている5つの実践、『挨拶』『校門出入りの一礼』『整理整頓』『食前食後の感謝』『思いやりの心を育てる実践』に改めて焦点をあて、これからの国際社会を生き抜くために必要とされる高い人間力を養っていきたいと考えています」と宍戸崇哲校長先生は語ります。

また、佼成女子では、SGHの指定を機に、スーパーグローバルユニバーシティ（SGU）に指定

Photo　A SGH全国高校生フォーラム　B タイフィールドワーク(SGクラス)　C ニュージーランド1年留学(留学クラス)

写真提供：佼成学園女子高等学校

された上智大学との高大連携授業を開始するとともに、単に推薦枠がいくつあるかという表面的な提携ではなく、在学中に学んだ分野の大学入学後の単位認定や高大接続の継続研究制度など、これまでにない新しい形の教育連携の早期実現に向けて話しあいを重ねています。さらにロケーションを活かした成城大学との高大連携協定の締結や青山学院大学地球社会共生学部の学生とのワークショップの実施など、複数の大学との連携も進んでおり、今後のさらなる展開が期待されています。

コース・クラスを再編し 生徒の進路実現をめざす

佼成女子は2021年度より、これまでの「特進文理コース」「特進留学コース」「進学コース」の3コースを再編します。新コースは、SGHの教育活動を引き継ぐSGクラスとニュージーランド1年留学を柱とする留学クラスの2クラスで構成される「国際コース」、ハイレベルな授業で国公立大学・難関私立大学への現役合格をめざす「特進コース」、勉強だけでなく、部活動や様々な学校行事に思いきり取り組みたい生徒のための「進学コース」の3コース・5クラス編成とし、生徒1人ひとりの希望に沿った進路実現をめざします。

また、新たなステージに向けた学校改革も始まっています。その1つが2020年度より実施した中間試験の廃止と新評価システムの導入です。中間試験を廃止することで探究学習が分断されることなく、より主体的・継続的な学びの時間が確保されます。そして新評価システムの導入により、生徒の持つ新しい力を測れるようになるため、これまで以上に生徒の将来を考えた進路指導が可能になります。さらに、大学のような少人数ゼミを設置し、前述の高大連携のPBL(問題解決型学習)を積極的に取り入れ、生徒それぞれの探究を深掘りし、主体的学習へと導いていきます。

近年、大学合格実績も堅調に推移しており、2020年度大学入試では、国公立大学23名、早稲田大学7名、慶應義塾大学5名、そして新しい高大連携をめざす上智大学に20名の合格者を出すなど、過去最高の合格実績をあげています。この高い合格実績の背景にあるのが「英検まつり」と呼ばれる学校全体が1つになって英検にチャレンジする取り組みです。過去2年間には英検1級取得者8名、準1級取得者69名を出すなど、この高い英語力が難関大学への合格に結びついていることはいうまでもありません。

昨年、SGクラスでは、研究の集大成として訪れるはずだったロンドン大学と3週間のオンライン授業を実施するなど、英語とICTを絡めた佼成女子ならではの取り組みは、コロナ禍のなかでも少しも止まることはありません。

スクールインフォメーション

所在地：東京都世田谷区給田2-1-1
アクセス：京王線「千歳烏山駅」徒歩5分、小田急線「千歳船橋駅」バス15分
生徒数：531名　TEL：03-3300-2351
URL：https://www.girls.kosei.ac.jp/

2020年3月卒業生　おもな合格実績

お茶の水女子大	1名	早稲田大	7名
東京学芸大	1名	慶應義塾大	5名
横浜市立大	5名	上智大	20名
山梨大	1名	東京理科大	3名
静岡県立大	1名	東京女子大	15名
新潟県立大	9名	日本女子大	16名

あの学校の魅力伝えます
スクペディア No. 42

緑《みどり》ヶ《が》丘《おか》女《じょ》子《し》高等学校

神奈川県　横須賀市　女子校

所在地：神奈川県横須賀市緑が丘39　生徒数：女子のみ289名　TEL：046-822-1651　URL：https://www.midorigaoka.ed.jp/
アクセス：京浜急行線「汐入駅」徒歩5分、JR横須賀線「横須賀駅」徒歩15分

自分らしく輝ける「なりたい自分」をめざして

横須賀港を臨む高台に位置する緑ヶ丘女子高等学校（以下、緑ヶ丘女子）。自然に囲まれた落ち着いた雰囲気のキャンパスが魅力の女子校です。建学の精神として「至誠一貫・温雅礼節」を掲げ、「新しい社会に貢献できる自立した女性の育成」をめざしています。

特色ある3つのコース 多様な「系」も魅力

生徒1人ひとりが考える「なりたい自分」を実現するためのきめ細やかなサポートが整っているのが、緑ヶ丘女子の教育の特徴です。

進路目標別に「特進・看護医療コース」「総合・進学コース」「幼児教育コース」の3つのコースを用意し、各自の夢と向きあいながら成長することができます。

「特進・看護医療コース」は、4年制大学合格が目標です。高1では基礎学力の向上と自発的に学ぶ姿勢を身につけ、高2以降で文系、理系、看護・医療系に分かれて受験対策に取り組みます。「看護医療系」教育は8年の実績を持ち、今後チーム医療で活躍できる人材の育成にさらに力を入れるため、次年度よりコース名にも「看護医療」が加わります。

「総合・進学コース」は、基礎学力を強化し、多様な進路をめざします。高2で8時間、高3で12時間を選択科目に設定。大学受験に必要な科目以外に、看護系や商業系など専門性の高い科目を幅広く用意し、各自の進路に合わせたカリキュラム構築が可能です。

「幼児教育コース」は幼児教育のプロを見据えたコースです。高1では全員が音楽の授業でピアノ演奏を学び、高2・高3では「子どもの発達と保育」「子ども文化」といった専門科目を履修します。3年間で最大30日間の保育所・幼稚園実習も経験できます。

また、多彩な希望進路に対応するため、特色ある選択授業が開設されている点も緑ヶ丘女子の特徴です。生徒は、めざす目標を系統別に分類したモデルを参考に、自らに必要な選択授業を選んでいきます。「系」と呼ばれるこのモデルは、国際系、看護医療系、福祉系、芸術系（美術・音楽）、ビジネス系、幼児・初等教育系、家政系、スポーツ系、難関大学系（人文・社会科学、自然科学）とまさに多種多様。緑ヶ丘女子には、「なりたい自分」の実現を本気でめざす環境があります。

あの学校の魅力伝えます
スクペディア No. 43

成城学園《せいじょうがくえん》高等学校

東京都　世田谷区　共学校

所在地：東京都世田谷区成城６-１-20　生徒数：男子315名、女子534名　TEL：03-3482-2104　URL：https://www.seijogakuen.ed.jp/chukou/
アクセス：小田急小田原線「成城学園前駅」徒歩８分

多様な学びで互いを高めあう

生徒の「優れた感性」、「試練を克服する強い意志」、「他者との共生・協働を可能とする柔軟で寛容な心」を養う成城学園高等学校（以下、成城学園）。様々な学びで、自らの力で未来を切り拓ける人材を育成します。

クラスは、附属の中学校から進学した生徒と高校から入学する生徒を混合して編成。高1は共通カリキュラムで、高2から成城大学への推薦入学をメインに、多様な進路選択ができる「Aコース」、他大学の文系学部進学を目標に、国語・社会系科目を重点的に学ぶ「Bコース」、最大で週17時間、理系科目の授業を用意し、他大学の理系学部進学をめざす「理数コース」の3つに分かれます。

コース選択は生徒ガイダンス・保護者会・面談を重ね、生徒と保護者が納得できる進路を模索しながら行います。また、どのコースも成城大学への推薦権を保持したまま、他大学の受験に挑戦できます。

学習においては英語教育と理数教育に注力し、英語では全学年で週2時間ネイティブの教員による授業を設け、高1の数学と高2の「理数コース」で行われる理系科目の授業を習熟度別で実施。高2・高3では各コースで演習科目を設定し応用力を養います。

同じ興味を持つ仲間と学び 他者を尊重する心を育てる

成城学園には、多彩な分野について学べる独自の取り組みがあります。「課外教室」はどの学年でも自由に参加できるプログラムです。「然別《しかりべつ》湖で自然体験」や「芝居を見る」、「南イタリアの世界遺産を巡る旅」など例年20以上のコースを設定。クラスや学年の異なる生徒といっしょに活動することで、協調性を養います。

高2・高3の選択科目「自由研究」では、「小論文入門」や「TOEFL対策講座」、「SDGsで未来を考える」、「絵画教室」などの講座で講義や体験授業を行います。技術や知識が身につくほか、少人数制で教員や生徒同士の距離が近く、他者との価値観や思考の違いを知り見識を広げられる機会となっています。

多様な学びを支えるのは充実した施設です。南棟には様々な実習・実験が可能な8つの理科実験室を設置。芸術棟は2つの音楽教室、デッサン室、書道教室などがあります。

成城学園は将来を意識しながら、興味関心のある分野についてじっくりと学べる学校です。

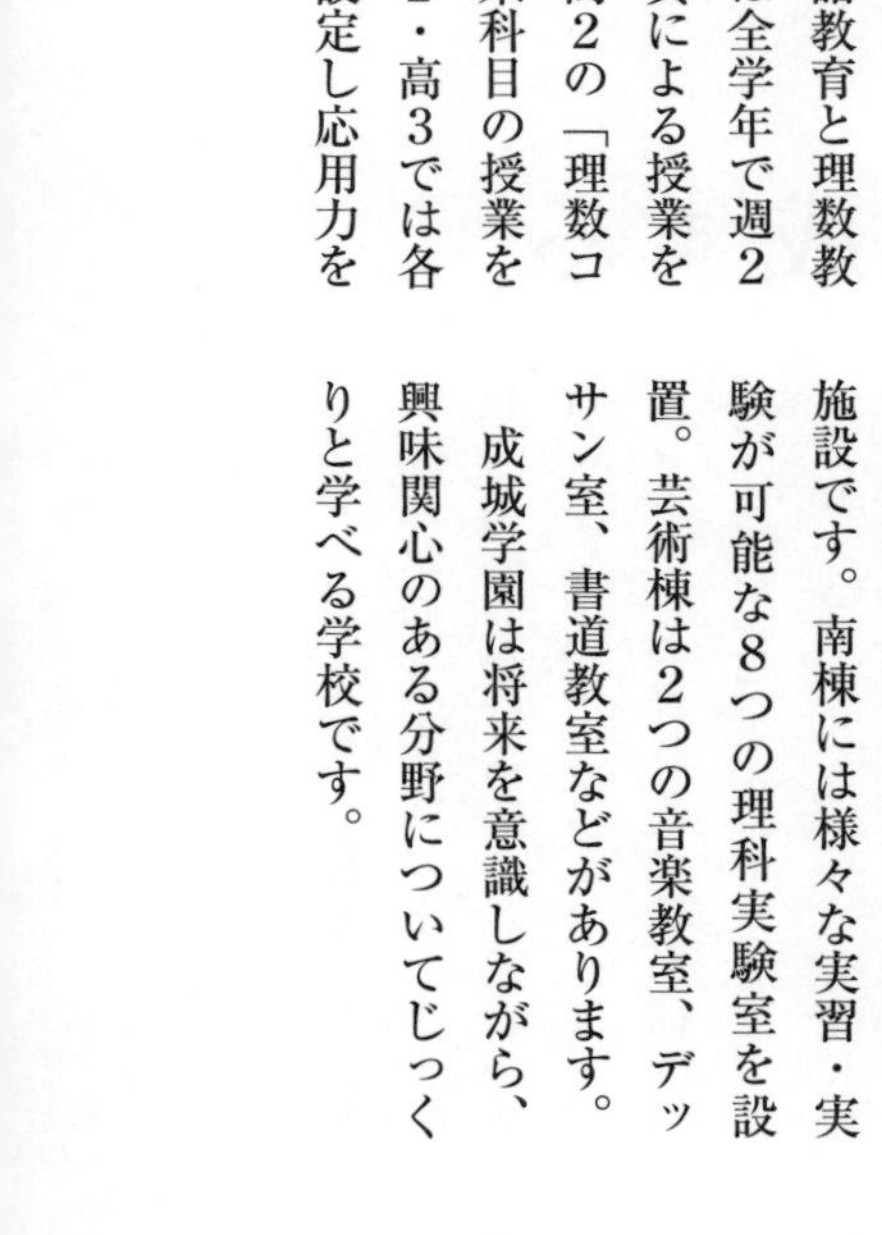

あの学校の魅力伝えます
スクペディア No. 44

富《ふ》士《じ》見丘《みがおか》高等学校

東京都　渋谷区　女子校

所在地：東京都渋谷区笹塚３-19-９　生徒数：女子のみ292名　TEL：03-3376-1481　URL：https://www.fujimigaoka.ac.jp/
アクセス：京王線「笹塚駅」徒歩５分、JR中央線・総武線・地下鉄東西線「中野駅」ほかバス

グローバルコンピテンシーを育成する

２０２０年に創立80周年を迎えた富士見丘高等学校（以下、富士見丘）。国際社会で活躍するための能力や素質である「グローバルコンピテンシー」の育成を目標に掲げ、様々なプログラムを行っています。

２０１５年度～２０１９年度にはスーパーグローバルハイスクール（ＳＧＨ）に指定され、英語教育を土台に国際的な視野や思考力、表現力などを育むプログラムを実施。

その実績をふまえ、２０２０年度からは「ワールド・ワイド・ラーニング（ＷＷＬ）コンソーシアム構築支援事業・カリキュラム開発拠点校」に指定されており、国内外の企業や大学と協力しながら高度な学びの場を提供するためのネットワーク作りにも取り組んでいます。

生徒それぞれの力を伸ばす手厚い少人数教育

生徒が持つ個性や多様な能力に対応するべく、少人数クラスを編成するとともに、以下のようなコースを用意しています。

まずは、国内難関大学、中堅大学への進学をめざす「グローバルコース（一般）」。充実した英語教育が魅力の「アドバンストコース」には、文部科学省指定のスーパーグローバルユニバーシティ（※）を含む国内難関大学をめざす「Ａ（英語特進）」と、海外大学も視野に入れた「Ｂ（インター）」があります。また、スポーツ推薦での合格やプロスポーツ選手をめざす生徒には「トップアスリートコース」が用意されています。

どのコースでも共通して大切にされているのは、国際社会で生き抜くための高い英語力の養成です。単なる知識の習得だけでなく、４技能（読む・書く・聞く・話す）をバランスよく育む「新旧融合型」の教育がなされています。

例えば、こまめな小テストや文法・長文読解のプリント学習など、地道な取り組みを重視する一方で、アクティブラーニング型の授業も取り入れ、生徒の力を多角的に伸ばします。

英語以外の教科においても、春・夏・冬の長期休暇には生徒の学習状況を鑑みて特別講座を開講するなど、少人数のクラス編成を活かして手厚い指導が行われています。

個々の力を効果的に高めるシステムや学習プログラムがそろう富士見丘。今後ますます発展することが予想される学校の１つです。

※文部科学省が支援している、海外大学との連携など国際教育に取り組む大学（SGU）

あの学校の魅力伝えます
スクペディア No. 45

西武台《せいぶだい》高等学校

埼玉県　新座市　共学校

所在地：埼玉県新座市中野2-9-1　生徒数：男子747名、女子490名　TEL：048-481-1701　URL：http://www.seibudai.ed.jp/
アクセス：JR武蔵野線「新座駅」・東武東上線「柳瀬川駅」徒歩25分またはスクールバス、西武池袋線・新宿線「所沢駅」スクールバス

将来に活きる「たくましい人間力」の醸成

これからの時代を生き抜く「たくましい人間力」の育成を教育目標に据える西武台高等学校（以下、西武台）。心技体をバランスよく鍛え、豊かな人間性を持った生徒を育てます。

2015年度より4コース制を導入、希望進路に合わせた学びを提供しています。

「特進Sコース」は、国公立・難関私立大学を目標に学力の向上を図るコースです。続いて「選抜Ⅰコース」ではG-MARCHレベルの大学、「選抜Ⅱコース」は日東駒専レベルの大学に現役合格するため、日々の学習に励みつつ、部活動にも積極的に参加して文武両道をめざします。最後に、4年制大学への現役合格から就職まで幅広いニーズに応える「進学コース」。在学中の資格取得など個人の能力や資質を伸ばすことに重きをおいています。

それぞれ明確な目標を掲げ、独自のカリキュラムで生徒の可能性を最大限に引き出しています。

多様な人間教育と充実した学習環境

西武台では「たくましい人間力」を涵養するため、創立当初から様々な教育に取り組んでいます。

例年、夏休みを利用して希望者を募る「異文化体験ステイ」では、オーストラリアで現地校に通いながら2週間のホームステイを行います。実践的な英語力が身につくだけでなく、海外の文化や多様な価値観に触れられる貴重な機会です。

学内での取り組みとして、英語教育に力を入れています。インターネット学習教材「すらら」を導入し、英検の受験を必修化。また「ベルリッツ英会話」を導入し、英会話に特化した授業を展開しています。

アクティブラーニングの土台として、ICT環境が整えられているのも魅力の1つ。1人1台ノートPCを配付、全教室にWi-Fiを完備し、日々の授業やポートフォリオの作成、WEBテストの配信などに活用しています。

通常、授業の復習から入試対策まで様々な内容で開講されている放課後講座も、2020年はオンラインで動画配信の形をとるなど、充実した学習環境がコロナ禍でも活かされています。

机上の学びだけでなく、将来に活きる本質的な教育を提供している西武台。恵まれた環境のもと、実りある学校生活を送ることができます。

高校教育新潮流

別項（30ページ～）でも触れている通り、新学習指導要領での学びがスタートし、高校教育の場面で様々な変革が始まろうしています。否、すでに始まっているといってもいいでしょう。このページでは「高校教育の新潮流」と題して、変わりゆく学校とその教育メソッドをご紹介します。とくに本誌では、学習指導要領がめざす変革の一番手ともいえる「英語教育」の変化に注目しています。ここでは英語に関して他校とは異なるアプローチをしている高校についてご紹介していきます。

今回取り上げるのは1年間留学し外国で学ぶ高校です。

NEW WAVE

変わりゆく高校の英語教育

「共通テスト」にみえる日本の英語教育の行方

この記事を書いているのは、2月のなかばです。大学受験生の多くが合格発表の日を待っている時期ということになります。

今年の大学入試の注目は、なんといっても初めて採用された「大学入学共通テスト（以下、共通テスト）」の導入に尽きるでしょう。

昨年までの「大学入試センター試験（以下、センター試験）」から改められた共通テストでは、様々な改革が施されましたが、入試科目「外国語」の1つ、「英語」の変化も注目されていました。

共通テストの実際の出題でみられたのは、英語の問題文の語数が4割増しの約5400語になっていたことや、水族館の来館者数など複数の資料を見て計画を立てる問題など、いちいち問題を和訳してから取りかかるようでは時間的に解ききれない「読解の質」を問う問題でした。

じつは、英語でこのような変化が生じることは予測もされていました。2017年に公表された「新たな学習指導要領の狙い」からおおむねわかることだったからです。

冒頭で高校教育の変革は「すでに始まっている」としましたが、敏感な学校ほど早め早めに反応し、とくに英語教育で「姿を変える学校」がめだっていました。以前から英語教育の改革に取り組んでいた学校に保護者の注目が集まるようにもなっていたのです。

そこで、この「高校教育新潮流」では、まず英語教育の改革に取り組んでいる学校に注目します。

大学進学を見据えて ニーズは英語に強い学校

まずは「変わりつつある英語教育」について、その要因から探っていきましょう。

なぜ、これほどまで「英語教育」に中高生・保護者が敏感になっているのでしょうか。その要因は文部科学省（文科省）が日本の英語教育の行方に懸念を抱き改革に着手したからです。

そして大学入試における改革でも、文科省は英語を重視する姿勢を強く打ち出しています。

じつは、昨年までのセンター試験では、解答方法がマークシート方式であったこともあって、英語で評価できていたのは、「読む」「聞く」の、英語でインプットする2つの技能だけでした。

言葉には4つの技能があるといわれます。このうち、センター試験ではアウトプットする2技能、「書く」「話す」をおきざりにしてきたのです。

中学校から大学まで10年間も勉強したはずの英語なのに、日本人は英語を話せない……、よく聞かれる批判です。

そこで文科省は、新たに行う共通テストではそれを是正しようと、「書く」「話す」のアウトプット2技能を加え、4技能すべてを試そうと考えました。

それによって高校までの英語学習が変化し、日本人が弱いとされるアウトプットする技能の習得を促そうとしたものです。

しかし、そのために採用しようとした外部の民間検定試験による採点の導入には、様々な点で無理があり、一昨年11月になって断念せざるをえませんでした。

いま、共通テストでの出題をみると、「書く」「話す」を試そうとしていた足跡を探し出すことができます。断念を表明した時点で、すでに出題の骨格はできていたのであろうと考えられます。

大学へのアドバンテージは「英語で」の時代が到来

さて、「英語重視」の新学習指導要領の中身が見えてきた時点で、少しでもレベルの高い大学に進みたい、進ませたい、と考える中高生とその保護者たちは英語に強い学校を選ぼうとし始めました。できれば英語を高校時代のうちにマスターし、それをアドバンテージとして大学進学できれば未来が開けてくる、と考えたわけです。

このところの高校入試では「在学中の留学」をうたっている「長期留学校」が、受験生を多く集めています。この春の入試結果は、本誌締め切りまではまだ出ていませんが、「コロナ禍の影響で志望者減を懸念しましたが、大幅減という状況は回避できそうです」とある長期留学校の副校長先生。

背景に「これからは英語が必要になる」と考える受験生・保護者の高いニーズが透けてみえています。

学校にはネイティブ教員が多くなり授業風景も変わってきている（©PIXTA）

注目される英語に強い学校

このようなことから、いま注目を集めている学校が「長期留学校」であり、「ダブルディプロマ校」[※1]や「国際バカロレア認定校」[※2]です。

ここ数年で開校がめだつ「ダブルディプロマ校」と「国際バカロレア認定校」の紹介は次回以降に回すとして、長い歴史はあるものの、ここ数年でとくに人気が顕著になっている長期留学校について、まずみていきましょう。

長期留学校は、高校生活の一定期間（約1年間）を海外の英語圏にある学校で過ごすシステムを採用しています。

国の重点サポートで取り払われた長期留学の壁

高校での長期留学は、かつてはあまり浸透していませんでした。帰国後に留年せざるをえないことがネックとなっていたのです。しかし、いまでは海外の高校での履修を国内の高校での履修とみなし、36単位までを上限に認めることになっています。

国内の高校を卒業するためには最低取得単位数74単位が必要ですが、学校が1年間の留学先の単位を36単位まで換算で認めてくれるなら、帰国して学校に戻っても、前と同じ友人がいる同じ学年に戻ることができます。学年を落とさずに進級することができるのです。

これには国のあと押しもありました。官民協働のもとで実施されている留学促進キャンペーン「トビタテ！留学JAPAN」で、東京オリンピックの開催が予定されていた昨年ま

※1 日本の学校と海外の学校、両方の卒業認定を受けられる学校　※2 世界共通の大学入試資格とそれにつながる教育プログラムが認定されている学校

でに、高校生の海外留学（短期留学を含む）を10年間で3万人から6万人に倍増するという取り組みが行われていたのです。

その一環として高校で1年間留学するとネックとなっていた留年問題を解決すべく、在籍校の校長裁量に任されてはいますが、留学中の単位も国内の単位として認めることにしたのです。

ただ、高校生の長期留学を足踏みさせる問題はほかにもありました。

国内で大きな壁となっていたのが大学入試です。長期留学後に帰国しても大学入試までの時間が限られているわけですから、受験勉強が間に合わず思うような大学に進めないという心配です。

また、受験勉強をしようにもうまく進まない現実もありました。前と同じ友人がいる同じ学年に戻ることができるのは嬉しいことですが、クラスの友人の勉強はずっと先に進んでいます。仕方なく進学塾で1人、同級生たちが半年前、あるいは1年前に勉強した内容に取り組む孤独な作業が待っていたのです。

留学による英語でのアドバンテージはあったにせよ、他科目での孤独な戦いはつらいものでした。

そのため、あえて留年を選ぶ生徒もいました。留年を選択すれば、学年が1つ下がることで留学前の同級生といっしょに勉強できなくなる点や、「留年」によくない印象を持っている人もいるという心配もありますが、帰国後の日本の高校生活や大学受験の心配をせず、留学生活を存分に満喫できるというメリットがあります。せっかく海外に留学できたのですから、高校留学に行ったからこそできる体験を最大限楽しむことを選ぶわけです。

どちらがよい、とは一概にはいえませんが、高校留学を妨げる1つの壁になっていたことは確かでした。

首都圏の「長期留学校」3例

首都圏は個人留学はあるが長期留学校はまだ少ない

長期留学を生徒個々からの申し出として受けて個別に支援している学校は多くありますが、ここでは、1年間の留学（英語圏）を1クラスでまとまって実施している東京の3校を並べてみます。ほかに該当する学校もあるかもしれませんが、スペースの都合上3校にとどめました。

帝京高校インターナショナルコースの海外留学課程では、高1の夏から1年間、オーストラリアやアメリカ、カナダなどに留学します。

1学年20人ほどのこのコースには、国内で学ぶ英語特化課程の生徒や3カ月のターム留学をする生徒もおり、競いあうように英語を活用する毎日を送っています。クラスには留学生や帰国生もみられ、入学時に英語の能力が高い生徒が在学しているのも特徴で、すべての教科が英語で行われています。

卒業生の実績は大学からも評価され、例えば上智大学の指定校推薦枠は4人認められています。

淑徳高校の留学コースには約30年の実績があります。学校が「トータルサポートシステム」と呼ぶ手厚い支援があり、これまで国際教養大学、東京外国語大学、早稲田大学、慶應義塾大学、上智大学など難関も含め現役での合格者を出しています。なお、このコースでは大学進学先を文系に絞って募集しています。

高1の夏からクラス全員（40人前後）が1年間留学し、ホームステイまたは寮生活をします。

留学先は予算やタイプに合わせ、5カ国（アメリカ・イギリス・カナダ・オーストラリア・ニュージーランド）の私立高校から選べます。留学中は現地スタッフが常駐、きめ細かいフォロー体制が敷かれています。帰国後は大学受験に向けてしっかり学ぶ体制が用意されています。

3校目にご紹介するのが、現在最も勢いのある長期留学校、佼成学園女子高校（以下、佼成女子）です。

先ほど、高校生の長期留学には壁があった、という話をしました。国内在学校での単位取得問題は文科省の留学推進策で解決しましたが、もう1つの課題はなかなか厄介でした。

大学入試に対する孤独な戦いが、留学からの帰国後に待っている問題です。

佼成女子は1クラスまとまって同時期に同じニュージーランドに留学することで連帯感を醸成し、帰国後そのままクラスでまとまって大学受験に団体戦で挑む、孤独感のない方法で結果を出しています。

佼成女子の留学システムは、後述しますが（52ページ～）、その前に大阪のある女子校の留学へのチャレンジについてお話しします。

大阪の学校が長期留学に先鞭

佼成女子が長期留学を始める約15年前に、高校生の留学の前に立ちはだかる課題を解決する策があることに気づいたのは、大阪にある女子校でした。そこには「クラスまるごと」というキーワードがありました。

佼成女子をご紹介する前に、その学校の先駆者としての戦いについてお話しします。

現在の大阪薫英女学院高校（写真提供：同校）

コースやクラスを単位として留学制度を設けている「長期留学校」は、いまでは国内にいくつかありますが、このシステムに先鞭《せんべん》をつけたのは、大阪・摂津市にある薫英高校（現・大阪薫英女学院高校）という女子校でした。

1980年代の生徒急減期を迎えて、各地の私立高校は「なんとかしなくては」と様々な学校改革を進めていましたが、生徒募集で四苦八苦を続けていた薫英高校が、遅ればせながら打ち出したのは「クラスまるごと1年間留学」という他校にはみられない新制度でした。

1990年春、ニュージーランドへの1年間留学を柱とする新設の「国際コース」は、1期生39人を迎えてスタートしました。そして1991年の1年間、ニュージーランドで留学生活を終えた39人は、1人も欠けることなく帰国しました。

39人の留学生活とはいっても、1人ひとり別々のホームステイ、現地校で1人ずつ別々のクラスに入り込んでの在学と、まさに孤軍奮闘の毎日でした。

花開いた
無謀ともいわれた取り組み

生徒は1人ひとりが「強くなって」帰国してきました。強くなったのは英語だけではありません。人間的な成長を背景とした心の強さを獲得して帰ってきたのです。

帰国した国際コースの生徒は、想像以上に英語の力をつけていました。それは「留学で英会話力はついても、大学受験に対応する力はつくのか」という留学前の懸念を吹き飛ばすものでもありました。

ニュージーランドでは1人ひとり戦っていたものの、帰国後、その思い出を分かちあううちに、苦労してきたのは「自分だけではない」ことに気づいていく国際コースの生徒たち。「あの子もこの子も」ともに苦しんでいたことがわかれば、チームとしてまとまっていきます。体育祭などの行事で、心が1つになった国際コース39人のチームワークは他クラスを圧倒していました。そして、チームとして、次の戦いの相手は翌春の大学受験となり、39人全員の目標が1つになるのです。

夏、英検2級1次合格27人。これまで薫英高校では1人の合格者も出していなかった、この関門を国際コースの7割の生徒が突破したのです。

しかし、この時点でも、それが大学進学実績に本当に結びつくのか、同校の教員たちでさえ半信半疑でした。なにしろそれまでの薫英高校は、「大阪で下から3番目」と揶揄《やゆ》される底辺校だったのです。

ところが志望大学を決めるのに、大きな意味を持つ模擬試験の結果もぐんぐんと伸びていきました。

秋に入って11月、京都外国語大学の推薦入試に20数人が合格。「1校がこれほどの合格を占めたのは初めて」と、京都外国語大学から薫英高校に驚きとお礼の電話があったのも嬉しいニュースでした。

冬、薫英高校は、周囲がこれまで

考えもしなかった、関関同立（関西学院大学、関西大学、同志社大学、立命館大学）も含んだ大学進学実績をあげます。それは、ほとんどが国際コースの生徒が獲得した大学合格でした。

春3月、国立の大阪外国語大学合格のニュースが飛び込んできます。もちろん国立大学合格は、学校として初の快挙。「無謀」とも評された国内初の長期留学制度を苦しみながら立ち上げた苦労が報われた瞬間でした。39人で始まった薫英高校国際コースの「ニュージーランドクラスまるごと1年間留学」はその後も順調に続けられ、大阪で下から3番目の学校が、あっという間に上から3番目の進学校へと変貌を遂げます。

それから10年、この薫英高校をロールモデルとする学校が首都圏に現れます。それがこれからご紹介する佼成女子です。

佼成学園女子が留学立ち上げ

いつのまにか入学者が減っていく現実に愕然

首都圏で長期留学校として、顕著な実績をあげている学校を紹介します。それが東京・世田谷にある佼成女子です。

併設の中学校を持ち、伝統もある女子校です。仏教系の学校ですが信者の子弟は10%に満たないため宗教系の学校といったイメージは薄く、「ごく普通の学校」でしっかりとした女子教育をする学校と保護者にはとらえられていました。

大学進学実績はＭＡＲＣＨを目標とする生徒が多い程度というのが、２０００年代前半の佼成女子でした。

進学塾の間では、中堅の進学校でかつての「良妻賢母」育成の学校から脱して、明るくてスポーツも盛んな、これからの女性を育む学校としての評価を得ていました。

ただ、「ごく普通の学校」は「これといった特徴のない学校」でもあったのです。

２０００年代を前にして首都圏にも少子化の波がやってきます。多くの学校が生徒募集に苦労し始めました。

このころの首都圏では学校の差別化が進んでいました。従来から大学進学実績に定評があり、生徒募集のためのＰＲにお金をかけなくても生徒が集まる学校とそうではない学校の2つです。

後者の「そうではない学校」でも、生徒が多かったころは、都立高校受験に失敗した生徒の受け皿としての役割があり、生徒は確保できていました。

しかし、少子化でパイが狭まっていくなかで都立高校の受け皿だけでは、存在証明を果たせなくなる学校、つまり定員を充足できない学校が出てきたのです。

早めに危機に気づき、対処しようとした学校が生徒を募集するために選んだのは、先行して少子化が進んでいた関西の学校と同じように「特進コース（クラス）」の設置、「男女共学化」などの策でした。いずれも大学進学実績を上げる手段というわけです。

男女共学化がなぜ大学進学実績につながるのでしょうか。

例えば、１００人の受験生のうち10%が優秀な生徒だとすると、男女別々だと10人しか優秀な生徒は入ってきませんが、共学にして50人ずつ入学すると10%の5人ずつではなく、合わせると10人以上が優秀なのだといいます。もちろんそれを維持するのは学校次第ですが、学校全体のレベルアップにもつながります。

２００２年度からの学習指導要領で「学習内容の3割削減」「絶対評価の導入」などが打ち出され、いわゆる「ゆとり教育」での弊害が始まります。国内の生徒の学力がめだって下がっていったのです。

「公立中学に任せてはいられない」という保護者たちが私立中学校に目を留め始め、首都圏に中学受験ブームが訪れます。

中学受験ブーム到来も その流れには乗れなかった

佼成女子は、その流れにはうまく乗れませんでした。「ごく普通の学校」では、保護者たちの眼鏡にはかなわなかったのです。

初めに打撃を受けたのは、そのブームに乗れなかった中学募集でした。「うちの学校は大丈夫」という根拠のない思い込みが教員の間にあったのかもしれません。「特進なんか作っても、もともと進学実績のない我が校では……」などと手をこまねいているうちに、いつの間にか生徒が減っていきました。

男女共学化も難しい学校でした。隣の杉並区に佼成学園という系列男子校を持っていたからです。

　併設中学（学則定員1学年150人）の入学者が20人を切って、事態の深刻さに教員たちは気づきます。しかし、なかなか打開策は見つかりませんでした。

　中学募集の低迷は高校募集にも影響を与えます。確保されていた併設中学からの生徒が減れば、高校入学組の間口が広がり高校からの生徒の学力が下がります。学力が下がれば次の募集に響き……、とマイナスの循環が始まってしまうのです。

「背水の陣」の留学コース

薫英高校をロールモデルに創設された留学コース

　そんな佼成女子が思いきった策に出ます。それが「留学コース」の設置です。佼成女子がモデルとしたのは、前項でお話しした大阪の薫英高校でした。

　2003年なかば、佼成女子は同校を定年で退いた山本喜平太前副校長を教育顧問として迎え、「留学」の準備にかかります。「なりふりかまわず」にもみえますが、佼成女子はまだPRできるだけの余力は残していました。PRの材料が見つかっていなかったのです。

　ようやく材料が見つかりました。留学コースの設置は「背水の陣」ともいえる残された道でした。

　準備の末の翌2004年、その山本氏を副校長に据えて、佼成女子に「特進留学コース」が誕生します。この年は佼成女子の創立50周年にあたる年でもありました。そこにも学校の並々ならぬ決意を感じとれます。

　この年の留学コースへの入学者は12人でした。

　その1期生たちは、その年の暮れまで、英会話力はもちろん、留学先のニュージーランドの文化学習、現地にあって英語で紹介できる日本文化の吸収といった準備学習のあと、ニュージーランドへと旅立っていきました。

　「クラスまるごと1年間留学」という考え方は薫英高校と同じです。ニュージーランドの学校に1人か2人。ホームステイでは各家庭に1人だけで溶け込みます。英語だけが通じる日常ですから、つらいことや苦しいことも起きますが、「クラスまるごと」だから「あの子も我慢しているはず」という思いが浮かび、顔は見えなくてもきずなを感じ、頑張るしかない、というわけです。

　その涙の分だけ英語力は向上していきました。

　2005年の1年間をニュージーランドで過ごした留学1期生は、2期生と入れ替わるようにして帰国、その後の2006年1年間を大学進学に向けクラス全員で過ごします。帰国しての大学受験も「クラスまるごと」だから、励ましあってみんなで乗り越えることができたのです。

　こうして迎えた1期生12人の大学進学実績は、明治大学2人、法政大学2人、青山学院大学1人などで、それまでの佼成女子では、みられなかった成果を上げています。

佼成女子の中学校では美術と音楽でオールイングリッシュのイマージョン（英語漬け）教育が行われており、学校全体で英語が身近な環境になっている（写真提供：同校）

留学コースが学校を牽引し全校で英語力が向上

　この「特進留学クラス」ができたことが校内全体にも活性化をもたらしました。

　例えば佼成女子には、行事の1つに「英検まつり」というものがあります。特進留学コース設置と同時にしつらえられたものですが、全校生徒が受験する英語検定（年2回）に合わせ、クラス対抗で取得級を競うものです。

体育祭や合唱祭といった行事でもクラスごとの団結が試されます。同じように全学年全クラスが競いあうのです。中高時代の生徒の心理特性をとらえたやり方といえ、英検での取得級とその数は年々上がり、いまでは毎年1級取得者複数、準1級取得は中学生でも成し遂げています。

特進留学コースが軌道に乗るにつれ、佼成女子の大学進学実績は例年、過年度を上回るようになっていきます。実績伸長の原動力が留学コースだけではなかったことも、息の長い伸びにつながりました。

スーパーグローバルの全国56校に選定される

留学コースができてちょうど10年、ごほうびのような出来事が起こります。２０１４年に文科省が選定した「スーパーグローバルハイスクール（ＳＧＨ）」に選ばれたのです。国際的に活躍できる人材育成を重点的に行う高校を、初めて文科省が指定したものです。全国56校のうちの1校となりました。当時私立高校は18校だけしか選ばれていませんでした。

失礼ながら知る限りでは、56校のなかで入学時の偏差値で下から数えれば、佼成女子はその名がすぐに出てきた学校でしょう。しかしながら、入学後の生徒に、この学校が力を注いで育んできたことが証明される出来事が続きます。

「SGH全国フォーラム」で日本一に輝く快挙

選定校の成果を試す場として初めて開催された「２０１７年度ＳＧＨ全国高校生フォーラム」で、佼成女子の生徒2人のペアが、参加１３３校（指定3年分）のうちで最優秀校に授与される文部科学大臣賞を受賞したのです。並みいる国立、私立の難関進学校を尻目に果たした優勝でした。

2人はこの優勝で出場権を得たシンガポールでの国際大会「Global Link Singapore 2018」にも出場（アジアで37チーム参加）、第2位に輝きました。

「２０１７年度ＳＧＨ全国高校生フォーラム」で最優秀校に授与される文部科学大臣賞を佼成女子のペアが受賞した（写真提供：同校）

特進留学コースは現在、国際コースのうちの留学クラスと名称を変えています。国際コースのもう1つのクラスはＳＧＨの理念を継ぐスーパーグローバルクラスという名称です。

この春の募集結果はまだ確定にいたっていませんが、すでに推薦入試で十分に入学者数の見込みが立っており、あとは一般入試での「手続き待ち」という状況です。

一昨年来、国際コースは両クラスとも人気が上昇しています。今年の入試ではコロナ禍があり留学クラスの募集低迷が心配されてもいましたが、すでに推薦入試で9人の入学者を迎えることが決定しています。

心配された中学募集も毎年躍進を続け回復を果たしています。

大学進学実績も年々伸び続けており、中規模校でありながら昨春には国公立大学に23人、早慶上智に32人、東京理科大学3人、ＧＭＡＲＣＨに47人が合格。この数字は、すでにロールモデルとした薫英高校を上回っています。さらにいま、国公立大学の理系学部や海外大学をめざす者も増えています。

今回は長期留学校の代表として、佼成女子をご紹介しました。

この「高校教育新潮流」では、次回以降「ダブルディプロマ校」や「国際バカロレア認定校」をご紹介する予定です。

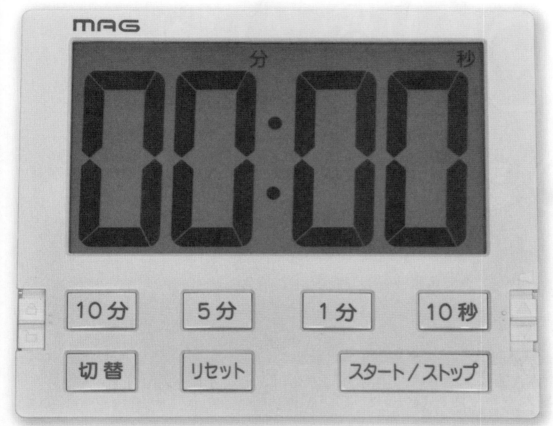

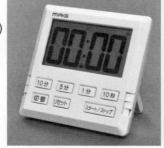

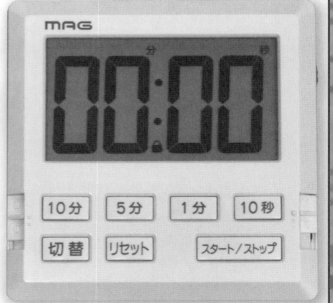

受験生のための Q&A

コロナ禍で思うような中学校生活が送れず気持ちが沈みがちに。この気持ちを切り替えるにはどうすればいいですか？

新型コロナウイルス感染症の影響で、中２の１年間は部活動も行事も思いきりできませんでした。このままだと、なんとなく気分が晴れないまま、受験学年に突入してしまいます。このモヤモヤした気持ちをどうやって切り替えたらいいのでしょうか。　（東京都北区・HE）

まずはいまできることを少しずつ実践してみましょう。その積み重ねが将来活きてくるはずです。

2020年に突如発生した新型コロナウイルス感染症により、社会全体がこれまで経験したことのない状況に直面しています。教育現場でも、学校が長期間にわたって休校を余儀なくされるなど、多くの影響を受けました。みなさんもこれまでの日常とは異なった日々を過ごさざるをえなかったでしょう。

活発なエネルギーあふれる中学生のみなさんにとって、今回のような出来事は、とくにそのダメージが大きかったのではないでしょうか。本来なら、行事に、部活動にと、色々と楽しいことがあったはずの中学校生活。様々な側面で、思い通りにならないもどかしさを感じたことでしょう。

ですから、この１年間での活動が不完全燃焼のまま終わってしまい、なんだかモヤモヤするという気持ちは非常によく理解できます。いまだに状況打開のための完全な方策が見つかったわけではなく、いつこの状況が好転するのかもわかりませんから、前向きな気持ちに切り替えるのもなかなか難しいと思います。

そんなときは無理に気持ちを切り替えようとしなくても大丈夫です。モヤモヤした気持ちのままでいいので、「いま自分にできることはなにか」を一度考えてみてください。小さなことでもかまいません。それを着実に実践していくことが、将来、大きな花を咲かせることにつながります。こうした行いによって、いまより明るい未来を引き寄せられると信じて、１歩１歩進んでいきましょう。

高校には専門学科というものがあるそうです。どんなものなのか、またメリット、デメリットがあれば知りたいです。

高校には普通科課程のほかに、色々な専門学科があると聞きました。なにかの分野で専門性を究めたいと思っているので、いま、専門学科が気になっています。専門学科には、メリット、デメリットはありますか？　注意事項もあれば教えてください。

（千葉県船橋市・HS）

専門的な知識を得られるのは大きなメリット。一方で進路変更には困難が伴うことも。

昨年３月、都立立川高校に、東京都立初の理数科が設置されることが発表されました。理数科では、数学や理科に関する専門性を高められる環境が整っており、研究活動がカリキュラムに組み込まれている場合がほとんどです。埼玉県立大宮高校、千葉県立船橋高校などにも理数科はあり、さらに千葉県立東葛飾では普通科のなかに「医歯薬コース」が設置され、こちらも人気を集めています。

外国語教育や国際理解教育に注力する学科として、国際科、英語科などを設置する学校もみられます。その代表例としてあげられるのが東京都立国際高校です。

また、私立高校には上記の理数科、国際科に加え、公立高校以上に様々な専門学科があります。その分野は、体育、保育、情報、看護、福祉、芸術など多岐にわたり、どの学科も指導にあたる先生方はその道の専門家であることが多く、専門的な授業が行われるのが特徴です。

ただし、専門学科は前述の通り、ある分野に特化した教育を行っていますから、専門学科に進んだものの、途中で「違う分野に進みたい」と思った場合にはそこから方向転換をするのは大変だということを覚えておいてください。理数科に在籍しているが国際関係の学部に進みたくなった、国際科に入学したものの大学では理系分野を学びたくなったという場合、基本的に自力でそれらの学部に関する対策をして受験に臨まなければならないのは、専門学科ならではのデメリットといえるかもしれません。

保護者のためのQ&A

Q よく勉強しているようなのに、なかなか成績が伸びない中１の息子。こうした場合、どんな対策をとるのがいいでしょうか？

中１の長男は、自ら進んで家でよく勉強しています。しかし、勉強時間をとっているわりに、テストの点数が伸び悩んでいるようです。新しい問題集や参考書を買うべきでしょうか。それとも塾に通うことを検討した方がいいのか、迷っています。（千葉県千葉市・HO）

A 勉強法を習得するなら通塾がおすすめです。同世代の仲間との出会いもいい刺激になります。

お子さん自ら熱心に机に向かう気持ちがあるのは、すばらしいことです。できることなら、その努力の結果が、成績にも反映されるのが望ましいですよね。

今回のように、お子さんがご家庭でよく勉強しているのに成績の伸びにつながっていないというお悩みは、じつはよく寄せられます。その原因は様々ですが、中１の場合、小学生から中学生となり、学習内容や環境の変化も大きいことから、中学生としての勉強方法が身についていないことが考えられます。

もしそこに課題があるようならば、塾での学習を検討してみることが１つの解決法です。塾では、勉強そのものに関する知識を教えてくれるだけではなく、「どのように勉強すればいいか」など、勉強に関する基本姿勢も同時に指導してくれます。小学校までとは異なる、中学校ならではの効果的な学習方法が体得できるという点で、通塾する価値は大きいといえます。

また、教材の面でも、塾のものは効果的に学力を向上させるための工夫がたくさん盛り込まれています。独学で問題集や参考書を解き進めるよりも、有効ではないでしょうか。

そして、通塾のさらなるメリットとしてあげられるのが、学校とは違う場でともに学ぶ仲間と接することができる点です。異なった学習環境に身をおくことがいい刺激となり、お子さんの成長につながるでしょうし、モチベーションアップにもなるはずです。ぜひ、前向きに通塾を検討してみてください。

Q 中学受験を控える次男がいるので、長男とのコミュニケーションがおろそかになりがちで心配しています。

次男の中学受験に向けて、塾への送迎などに時間をとられ、どうしても中１の長男とゆっくり話せる時間が減っているように感じます。受験生の兄弟がいる場合、受験学年でない子どもとのコミュニケーションをどうとったらいいのでしょうか。

（東京都杉並区・YE）

A 朝食の時間を活用して、家族みんなでコミュニケーションをとってみてください。

中学受験を控えるお子さんがいる場合、どうしてもご質問者のように保護者が受験準備に割かなければいけない時間が多くなります。とはいえ、保護者の方にしてみれば、受験学年ではないお子さんとのコミュニケーションもおろそかにしたくはないでしょう。

そんなときはまず、家族みんなで受験生を応援するという雰囲気を作りましょう。受験学年ではないお子さんが兄や姉の場合には、弟や妹の受験についてきちんと話をして、協力をお願いしてみるのです。兄・姉から見て困っていそうに思えることや親が気づかないような変化を教えてもらうなど、簡単なことでかまいません。そうしたお願いをすれば、家族みんなで受験に協力するのだということが伝わり、自分が今後高校受験に臨むときは、同じようにみんなが自分のために協力してくれるのだということもわかってきます。

さらに、食事をコミュニケーションの場にするのもおすすめです。夕食をいっしょにとるのはなかなか難しいと思うので、朝食をなるべく家族全員でとるようにしましょう。朝食中のさりげない会話から、お子さんがどのようなことに関心があるのか、学校ではどう過ごしているかなどを知ることができます。

「コミュニケーションをとらなければ」と過剰に意識するよりも、家族が顔を合わせる機会を作れば自然と会話が生まれるはずです。短時間でもいいのでみんなで会話を交わす機会を確保するようにしたいものです。

八《や》千《ち》代《よ》松《しょう》陰《いん》高等学校

千葉　共学校

問題

図書委員会（library committee）に所属している高校生の香織（Kaori）は，読書に関するアンケート（questionnaire）を実施し，英語の授業でその結果を発表しています。次の表（Table）とグラフ（Graph）は，発表のために香織が作成したものです。表とグラフを参考にして，英文中の（　　）に入れるのに最も適当なものを，①～⑩の中からそれぞれ１つずつ選びなさい。

Table

*Results of the questionnaire which asked the students, "You don't read books. Why not?"

	Boys	Girls
I don't have time to read.	17	13
I don't know what book is interesting.	13	7
I'm not interested in reading.	12	9
I don't have money to buy books.	9	0

※22 boys and 18 girls answered.　※*multiple answers allowed

Graph

How did you read books last month?

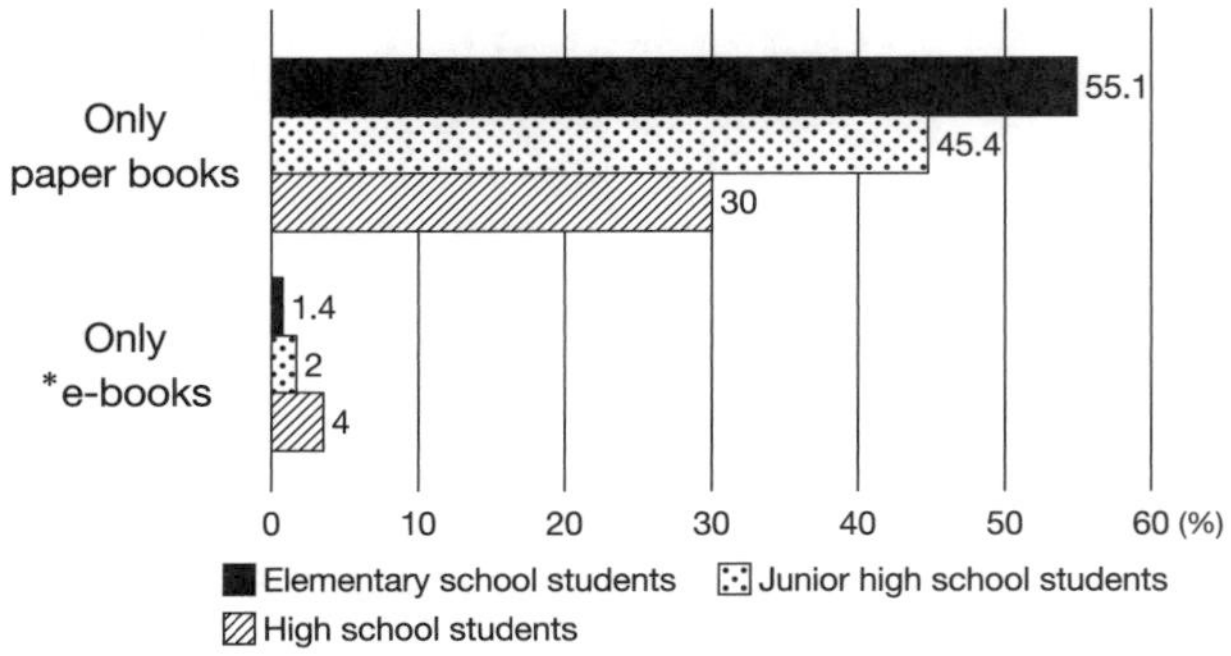

（平成30年度 文部科学省委託調査「子供の読書活動の推進等に関する調査研究報告書概要版」を加工して作成）

Hello, everyone. I'm Kaori. I'm a member of the library committee. Our school library has many interesting books, but it's not a popular place and there are only a few students who come to the library every day, so I took a questionnaire and asked students in the first grade at this school, "Do you read books?" Then, 22 boys and 18 girls answered, "No." I was sad and asked them, "Why not?" Look at this table. You can see (1) of the students answered, "I don't have time to read books." And (2) of the students answered, "I don't know what book is interesting." I was really sad. I think students should make time to read books. Now, look at this graph. I found it on the Internet. Do you know we can read books not only on paper, but also on the Internet? The number of students who read e-books is (3) than the number of students who read paper books. But the number of high school students who read e-books is greater than the number of junior high and elementary school students who read e-books. Most of you have your own smartphones and use the Internet, right? I think you have (4) chances to read books than elementary school students and junior high school students because you can use your smartphones more *freely. Look, (5) boys answered, "I don't have money to buy books." E-books can *solve the problem because some e-books can be read *for free! How about reading *free e-books with your smartphones?

*result(s)…結果　*multiple answers allowed…複数回答可　*e-book(s)…電子書籍　*freely…自由に　*solve ～…～を解決する　*for free…無料で　*free…無料の

① 65%　② least　③ larger　④ less　⑤ 75%　⑥ half　⑦ twelve　⑧ nine　⑨ more　⑩ twenty-one

解答　(1) ⑤　(2) ⑥　(3) ④　(4) ⑨　(5) ⑧

●千葉県八千代市村上727
●京成線·東葉高速鉄道「勝田台駅」、東葉高速鉄道「八千代中央駅」スクールバス
●047-482-1234
●https://www.yachiyoshoin.ac.jp/shs/

西《せい》武《ぶ》学《がく》園《えん》文《ぶん》理《り》高等学校

埼玉　共学校

1

ある学校では、放課後に先生がクラス全員の座席の消毒を行う。あるクラスを消毒し終えるのに、１人では18分かかる。このクラスよりも10人多いクラスを先生２人で消毒したところ11分かかった。先生の消毒する速さが同じであるとき、次の問いに答えなさい。

（1）１人の座席を消毒するのにかかる秒数を求めなさい。

（2）１人の先生が120人の大教室を消毒し始めてから数分後、生徒が授業の質問を持ってきた。８分間質問対応したところ、どこまで消毒したかを忘れてしまった。そのため、再度始めから消毒し直すことにしたところ、近くを通りかかった先生が１人手伝ってくれる事になった。最初に消毒し始めてから終わるまで39分間かかったとき、消毒開始何分後に生徒が質問を持ってきたか求めなさい。

2

平行四辺形ABCDにおいて対角線BD上に∠DAP＝∠DPAとなるように点Ｐをとる。辺ADの中点をＭとし、線分BMとAPの交点をＱとする。AM＝BPであるとき、次の問いに答えなさい。

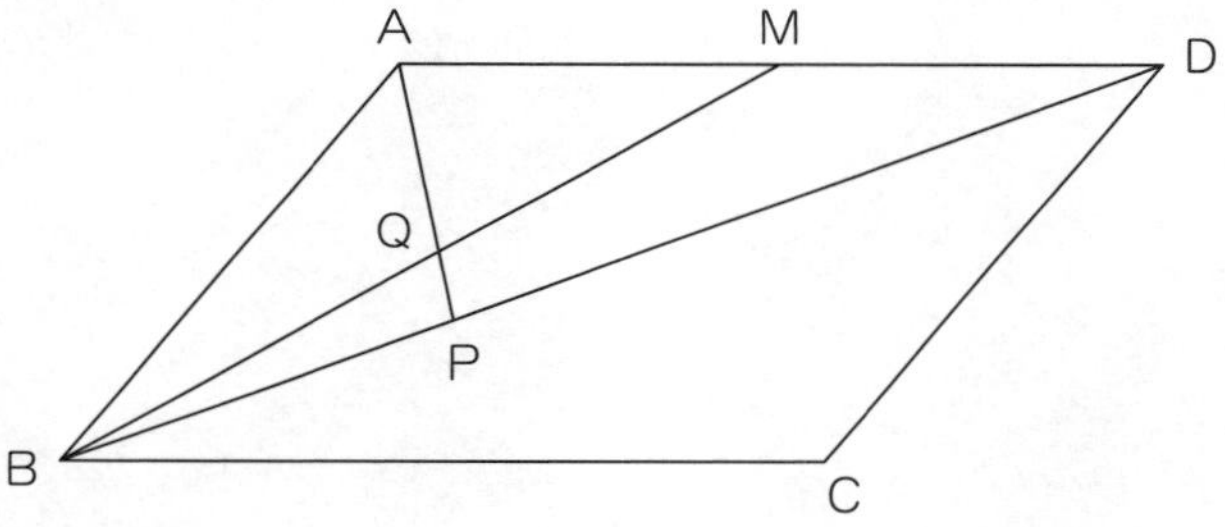

（1）MQ＝BQであることを証明しなさい。

（2）平行四辺形ABCDの面積が48㎠であるとき、△AMQの面積を求めなさい。

解答　**1**（1）24秒　（2）７分後
2（1）∠DAP＝∠DPA からAD＝PD
Mから線分APに平行な直線を引いて、対角線BDとの交点をＲとすると、
平行線の性質からＲは線分PDの中点である。
また仮定からAM＝BP なので、BP＝PR＝RD
もう一度平行線の性質からMQ＝BQ
（2）６㎠

●埼玉県狭山市柏原新田311- 1
●西武新宿線「新狭山駅」、西武池袋線「稲荷山公園駅」、JR埼京線・東武東上線「川越駅」、JR八高線・西武池袋線「東飯能駅」、東武東上線「鶴ヶ島駅」スクールバス
●04-2954-4080
●https://www.bunri-s.ed.jp/

多彩な進路の可能性があなたを待っています

岩倉《いわくら》高等学校［共学校］

普通科にL特コースが新しく加わったことで、岩倉生の進路選択の幅はさらに広がりました。

School Information

所在地　東京都台東区上野7-8-8　TEL 03-3841-3009　URL https://www.tky-iwakura-h.ed.jp/

アクセス　JR山手線ほか「上野駅」徒歩すぐ、地下鉄銀座線ほか「上野駅」徒歩3分、京成線「京成上野駅」徒歩6分

L特コース3年目で学校全体が活気づく

普通科に加え、鉄道業務全般について学べる運輸科を持つという他校にはない特色がある岩倉高等学校（以下、岩倉）。

これまで普通科には、国公立や早慶上理、GMARCHなどの難関大学合格を目標とするS特コースと特進コース、一般入試を主体として、AO入試や推薦入試も利用しながらの大学進学をめざす総進コースの3つがありました。そこに、学業に加えてスポーツや芸術などの分野に力を入れたいという生徒をあと押しするためのコース「L特コース」が新たに設置され、3年目を迎えました。

募集広報部部長の大久保康紀先生は「L特コースに入学してきた彼ら、彼女らによって、実際に活発化した部活動がいくつも出てきています。部活動への加入率もこれまでは80%を超えるか超えないか、というところでしたが、現在は約82%になりました。さらに、『この分野で頑張りたい』という強い意志を持って取り組むL特コース生がいることで、学校全体にいい影響を及ぼしてくれてもいます」と話されます。

彼らが、自分の得意な分野を伸ばしてどのような進路を選択していくのか期待がかかります。

L特コースだけでなく、多彩な進路選択の可能性があるのが岩倉の強みです。前述した普通科のほかに、運輸科は大学進学に対応できるカリキュラムが組まれているのに加え、大卒者でも簡単ではない鉄道関係の会社への就職実績も数多くあります。前向きな選択肢としての就職も含めて、生徒の希望進路実現のために寄り添える進路・進学指導体制を整えています。

最後に、特徴的なカリキュラムについてもご紹介します。

「総合的な探究の時間」の先行実施で、昨年度からスタートした「SDGsプログラム」は、世界で合意した持続可能な開発目標（SDGs）にある17の目標を意識した学習を全科・全コースで展開しています。

L特コース3年目で学校全体が活気づいている岩倉高等学校は、勉強、部活動、芸術活動など、「打ち込みたいこと」がある人にピッタリな学校です。

(上)生徒同士が教えあうような形式の授業も増えています
(中)運輸科と希望する普通科の生徒(例年40名程度)が参加する鉄道実習(今年度は中止)
(下)鉄道会社などを中心にしっかりとした企業説明会が行われます(今年度はオンライン実施)

心を育て　学力を伸ばす

二松学舎大学附属高等学校

〈共学校〉

地下鉄「九段下駅」から徒歩6分。都心にありながら、豊かな自然と歴史環境に恵まれたロケーションにある二松学舎大学附属高等学校（以下、二松学舎）。併設中学校のない共学の高校単独校として、新入生全員が同じスタートラインから高校生活を始めています。

三兎を追う生徒を求める アドミッション・ポリシー

二松学舎は、今後ますます多様化が進むと予想される社会を見据え、これまでも、そしてこれからも日本に根ざした道徳心をベースに、自分で考える力、判断する力、行動する力を養う「学び舎」であり続けたいと考えています。そして時代に求められる確かな学力、積極性、創造性、協働性を持った人材を育成するために様々なプログラムを用意して教育活動を展開しています。

二松学舎がめざす生徒像は、「自らを高めようとする生徒」です。学習だけでなく、部活動や学校行事にも積極的に取り組む「高校生活の三兎を追う」生徒を求めています。

心を育て、学力を伸ばす カリキュラム・ポリシー

二松学舎は、独自の「論語」学習を中心とした人格教育によって、人として大切な心をしっかり育て、社会に役立つ真の学力の育成をめざしています。

「論語」学習は、週1時間、総合的な探究の時間を通して、3年間、積み上げて学びます。学んだ事柄を実生活に反映させられるよう、「実践」を意識していきます。

二松学舎のもう1つの魅力が、大学と一体化した高大連携です。3年生では自由選択科目として「経営学」「書道」「中国語」を、二松学舎大学で大学生と一緒に学ぶことができ、二松学舎大学進学時には、大学の履修単位として換算されます。また、千代田区九段という環境を活かした「九段フィールドワーク」では、二松学舎ならではの主体的・対話的な学びが実践されています。

生徒の夢を実現させる ディプロマ・ポリシー

二松学舎では、生徒1人ひとりの適性に合わせたきめ細かいサポートを行うことで、4年制大学への現役合格を目標としています。二松学舎大学へは、3年間、一定基準をクリアできた生徒が推薦で進学しますが、ほとんどの生徒が他の難関私立大学へ進学しています。2020年度に二松学舎大学へ進学した生徒は32名で今年も100％の合格率でした。

大学受験のための校内予備校「学び舎」や長期休暇中の講習会や勉強合宿、教員による夏の個別指導「私塾」など、大学現役合格のための学力が習得できるように、学校内で様々な課外講座が実施されています。

● Address
東京都千代田区九段南
2-1-32

● TEL
03-3261-9288

● Access
地下鉄東西線・半蔵門線・
都営新宿線「九段下駅」
徒歩6分

● URL
https://www.nishogakusha-highschool.ac.jp/

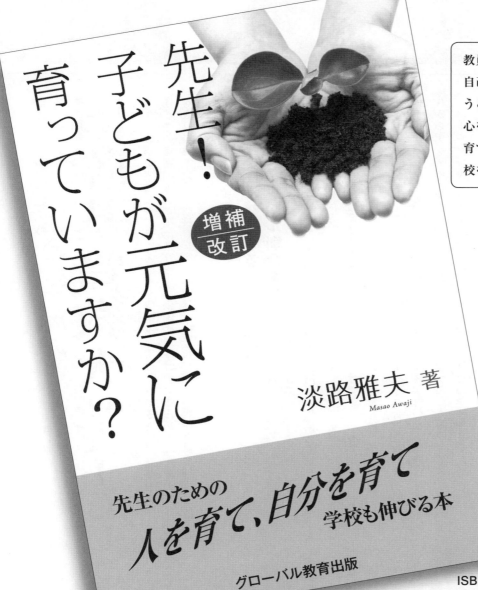

東京都 ● 共学校

国《こく》際《さい》基督《きりすと》教《きょう》大《だい》学《がく》（ICU）高等学校

1978年の開校以来、世界各地から帰国生を受け入れてきた国際基督教大学（ICU）高等学校。2020年度の在校生の滞在国は56か国に及びます。帰国生が3分の2を占める「世界の文化の交差点」で、生徒たちは異文化の壁を乗り越えて大きく成長します。今回は、中嶌裕一校長先生にお話を伺いました。

多様な生徒に対応するきめ細かなレベル別授業

ICU高校は1978年に帰国生の受け入れを主な目的として建てられた学校で、各学年の定員240名のうち、160名が帰国生です。創立当初は欧米など英語圏からの帰国生が多かったのですが、1990年代からアジアのインターナショナルスクールや日本人学校出身の生徒も顕著に増えてきました。

現在は、生徒の多様なバックグラウンドを踏まえて、ホームルーム・クラス全員がともに学ぶ教科とレベル別少人数で展開する教科を分けています。中でも、英語、国語、数学は4段階から5段階に細かくレベル分けをして授業を進めています。

例えば英語の場合は、これまで英語圏の現地校やインターナショナルスクールで長く学んできた生徒向けのレベル1から、日本人学校出身や国内中学校出身の生徒を想定したレベル4まで用意しています。もちろん、経歴だけでなく、入学式の前に行われるプレイスメントテストの結果に応じてクラス分けを行い、4月以降、クラスが合わない場合にはクラスを変更することもあります。

理科や社会の学習を心配している海外生・帰国生もいると思いますが、少人数クラスで、専門用語を英語・日本語対訳しながら授業を進めたり、基礎のクラスを設けたりしているので安心してください。

海外大学を含めた幅広い進路を応援

卒業生の進路では、海外大学への進学も人気です。海外大学進学を希望する生徒は、本校でSAT（アメリカの大学受験のための共通試験）を受験することができます。また、高校2年生からアドバンスト・プレイスメント（AP）クラスやSAT、TOEFL受験のためのクラスも開講しています。毎年、実際に海外大

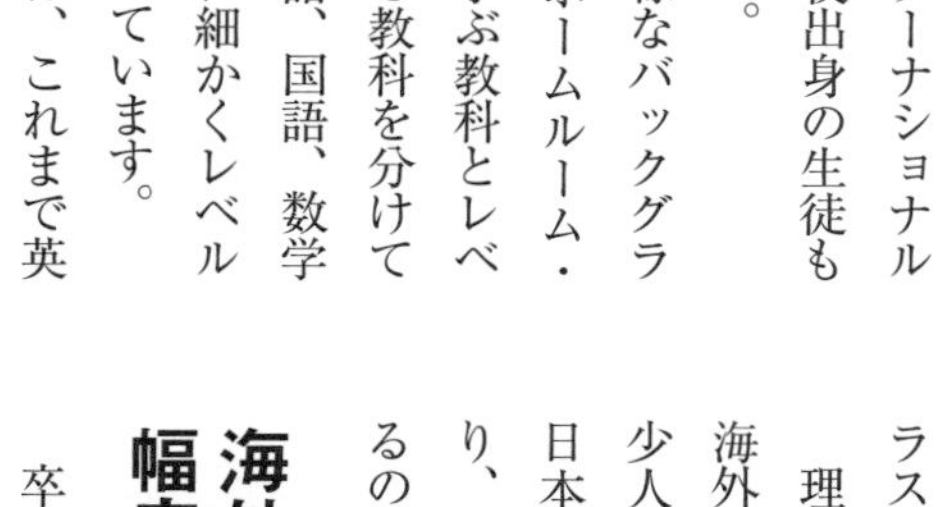
図書館で対話的な授業が行われています（3年生政治・経済）

学へ進学した卒業生による説明会も開いています。

　国内の大学では、推薦・一般入試を含め、毎年100名前後が国際基督教大学（ICU）へ進学します。およそ7割の生徒がICUや早慶上智大、国公立大へ進学しています。

　また、ICU高校というと文系の学校という印象があるかもしれませんが、理系の大学、学部への進学を希望する生徒にもきめ細かい指導を行っています。卒業生には、ハーバード大学医学大学院の研究員やNASAの技術者もいます。

互いが互いにとっての「留学生」となる環境

　本校には、海外経験を通じて、「自分の中の『当たり前』が崩壊する経験をした」「海外から帰国したときに違和感や衝撃を感じた」という帰国生が大勢います。そのような経験は宝物であり、アイデンティティをつくる基にしてほしいと願っています。

　様々な経験をした生徒が、安心と喜びを持ってその経験をぶつけ合うことができるのがICU高校のよさです。国内中学校出身生も含め、互いが互いに対して「留学生」となり、刺激を与え合う学校だといえます。

　ですから、海外生活が長く、現地に溶け込み、現地の言葉を習得してきたという生徒にも、英語・数学・国語をしっかりと学習してきたという生徒にも来てほしいです。日本人学校の皆さんにも、それぞれの出身校のユニークな取り組みや現地の人と交流して得られた経験を持ち寄ってほしいと期待しています。

中嶌《なかじま》 裕一《ゆういち》 校長先生

生徒自身がつくり上げる豊かな学校文化

　昨年は新型コロナウイルス感染症の影響で授業も学校行事も例年通りには実施できませんでした。しかし、豊かな学校文化を取り戻そうと、生徒自身が様々な企画をしてくれました。9月にはオンラインで学校祭をつくり上げ、クリスマスには中庭いっぱいに広がって「ハレルヤ」を合唱しました。本校公式Facebookで雰囲気を感じてください。

　2021年度もオンラインでの説明会と、実際にキャンパスを歩いていただく「キャンパスウォーク」を組み合わせて、本校を知っていただく機会を設けていきます。

　中学生の皆さんが、現在の状況から多くを学び、将来、平和のために働く人へと育ってくださるように強く願いつつ、皆さんにお会いできる日を心待ちにしています。

スクールインフォメーション

所在地：東京都小金井市東町1-1-1
アクセス：JR中央線「武蔵境駅」からスクールバスあり／京王線「調布駅」バス20分・徒歩8分
生徒数：男子256名、女子500名
TEL：0422-33-3401
URL：https://icu-h.ed.jp/

2020年3月　おもな合格実績

東京大	3名	筑波大	2名
京都大	2名	国際基督教大	107名
東京外国語大	3名	早稲田大	30名
東京工業大	3名	慶應義塾大	45名
東京医科歯科大	2名	上智大	50名
一橋大	2名	東京理科大	18名

※大学合格実績は全卒業生のもので、帰国生のみの実績ではありません。

中学生の未来のために！
大学入試ここがポイント

高校受験の舞台に上がる前に、その先の「大学のこと」を知っておくのは、とても重要なことです。大学受験は遠い話ではありません。そのとき迎える大学入試の姿を、いまのうちから、少しでもいいのでとらえておきましょう。

始まった「大学入学共通テスト」はなにを試したか

NEWS

コロナ禍を乗り越え 新スタイルでスタート

すでに触れていますが（32ページ）、1月16、17日の両日、初の大学入学共通テスト（以下、共通テスト）が実施されました。

今回はコロナ禍の影響で、この第1日程のあと、第2日程（同30、31日）や特例追試験（2月13、14日）も行われました。

共通テストは、昨年まで30年間続けられてきた大学入試センター試験（以下、センター試験）の後継です。

新しい学習指導要領に即した学力を試すものとされ、各科目でどのような出題がなされるのか、注目を集めていました。

前身であるセンター試験は、１９９０年度入試から始まり２０２０年度入試まで実施されてきました。それまでの共通一次試験とは違い、センター試験の結果は私立大学でも利用可能となりました。

国公立大学の一般選抜受験者はセンター試験同様、原則として共通テストを受験しなければなりません。また、多くの私立大学でも共通テストの成績を利用する「共通テスト利用方式」を設定しています。

ですから大学進学を考えるなら、この共通テストへの対策は必須です。初回となった1月（第1、第2日程）の共通テスト志願者数は53万５０００人を超えるものでした。

高校教育と大学教育とを“接続する”テスト

センター試験から共通テストへの移行は、「大学入試改革」の一環です。国が改革を進めるのは、将来に対する強い危機感があるからです。現在の高校生や小・中学生が社会に出て活躍するころには、情報化社会はより深化し、少子高齢化はさらに進み、世界はグローバル化され、国という枠に縛られない文化の交流、発展、また軋轢《あつれき》など現代社会は大きく変化していくはずです。

さらに別項（31ページ～）でも触れている通り、AI（人工知能）の発達をトップランナーにした技術革新で、世界は想像を越えた変貌を遂げていくでしょう。

みなさんに代表されるこれからの日本人は、その日常に対応していくために、自ら問題を発見し、AIをも含んだ他者と協力し、解決していくための資質や能力を育む必要がある、という考えが、いま国が取り組んでいる教育改革の背景となっています。

このため文部科学省は学習指導要領を改め、求められる資質や能力を育み評価するために、「高校教育」と「大学教育」、そしてその両者を接続

試されたのは読解力をカギとした「思考力と判断力」

する「大学入学共通テスト」とを合わせ、三位一体で改革しようとしているのです。

これまでの大学入試では、長年「知識・技能」の評価に重きがおかれてきました。

しかし、センター試験開始の1990年以降、それまで「受験戦争」とまでいわれた大学入試が、少子化や大学の増加で緩和され「希望すればどこかの大学には入学できる」時代となり、大学生の学力低下が指摘されるようになりました。

知識偏重の入試は実社会で求められる能力を反映していないとの批判が聞かれるようにもなったのです。

そこで、前述の三位一体のなかで進められる「大学入試改革」では、これまで以上に多面的・総合的に能力を評価する入試への転換が掲げられました。

具体的には、新たな学習指導要領が掲げている学力の3要素、「知識・技能」「思考力・判断力・表現力」「主体性を持って多様な人々と協働して学ぶ態度」を、入試で評価する方向へと舵を切ったのです。

新たな学習指導要領を具現化する出題内容

始まった共通テストの出題では、知識理解の質を問う問題や、表現力は別にしても、思考力、判断力を発揮して解くことが求められるものがめだちました。

これらは「知識偏重から思考力醸成」へと舵を切った新学習指導要領が示す学力に呼応しています。つまり、共通テストの出題は新たな学習指導要領が描いた学びが身についているか否か、を試すものといっていいでしょう。

共通テストは、今回が初回でしたから、その出題者もまだ試行錯誤の部分があっただろうと思います。しかし、いま中学生のみなさんが共通テストに向かうころには、出題内容も吟味され安定するはずです。

そして、解答へのカギとなったのが「読解力」です。科目を通じて、図表やグラフ、写真などが示され、そのなかから解答へのヒントを探っていく、いわゆる「読み解く」ものがほとんどだったことです。思考力と判断力を、その解答過程で試す形です。

その形式を採用した問題の量もセンター試験よりかなり増えていました。

読解力重視は国語、外国語の問題にとどまりません。ほかの科目においても、示された問題文やそのなかの会話文、図版のなかにある文章を読む力が試されました。それらのなかに問題を解決するヒントが隠されていたからです。

じつは、今回の共通テストで取り入れることがめざされていたものに「記述式解答」があります。拙速とされ頓挫はしましたが、出題のなかには解答を記述させたら、表現力も含んだ学力を試せたであろうという出題の意図を感じられたものもありました。

さて、ここまで読んでいただいたみなさん、いまでも「大学入試？まだ遠い存在だ」と感じますか。

しかし、共通テストに代表される大学入試の変化が、高校教育での「どのように学ぶか」の変化を加速していくことは間違いがありません。つまり、その高校で学ぶみなさんを迎える高校入試も、当然のように変化するはずです。

高校入試における変化は、共通テストが示した出題傾向に敏感に反応し、学力の試し方も追随することになると考えられます。

東大入試突破への現代文の習慣

東大入試を突破するためには特別な学習が必要？　そんなことはありません。身近な言葉を正しく理解し、その言葉をきっかけに考えを深めていくことが大切です。田中先生が、少しオトナの四字熟語・言い回しをわかりやすく解説します。

早稲田アカデミー教務企画顧問

田中としかね

東京大学文学部卒業
東京大学大学院人文科学研究科修士課程修了
専攻：教育社会学
著書に『中学入試 日本の歴史』『東大脳さんすうドリル』など多数。文京区議会議員として、文教委員長・議会運営委員長・建設委員長を歴任。

田中先生の「今月のひと言」

「朝の読書」から一歩進んで、読解問題にも取り組んでみよう！

今月のオトナの四字熟語

文章体験

「先生、聞いてください！　ウチの子が国語を勉強したがらないので困っています」教え子君のお母様からの相談です。「国語を」と限定しておっしゃっていますので、勉強そのものを「したがらない」問題児というワケではないようです（笑）。お母様の目から見ても、勉強に偏りがあるのではないか？　と心配になる様子です。数学や英語には取り組むのに、国語に手をつけないのはどうしてなのか？　という疑問かと思います。次のように答えてみました。例えば、数学なら「二次関数」、英語なら「間接疑問文」といったように、新しく学習する単元が次々と登場しますよね。予習や復習も欠かせません。それに対して国語には、「初めて学習する内容」にあたる単元が「見当たらない」と高をくくることができます。例えば、「小説を読む」という単元が登場してきても、数学や英語と違って新しい公式や文法を習うことはありません。日本語で書かれているので、「読め」と言われて「読めない」という事態に陥ることもないでしょう。ですから勉強の優先順位からすると、国語は後回しになってしまう傾向がありますね。お子さんだけの問題ではないと思いますよ。

「でも先生、読解問題を解くことは大事ですよね。面倒くさがるというか、とにかく問題をやりたがらないのは、どうにかならないでしょうか？」これに

も理由はあるのですよお母様、と次のように答えてみました。国語の読解問題を「面倒だ！」と感じてしまうのは、「次の文章を読んで後の問いに答えなさい」という出題形式そのものに起因します。まずは、自分が読みたいと思って選んだわけでもないものを、「次の文章を読んで」と強要されるということです。これがもう「その気にならない」原因の一つなのです。さらには設問にも「気分を逆なでする」要素があります。「傍線部について……」「空欄にあてはまる……」などの指示があることです。文章に勝手に線が引かれ、空欄が設けられ、読む方からすると「邪魔をされている」という印象を持ちます。テストならば「仕方がない」と割り切ることができても、読解演習の際には「こんな文章読みたくない」「こんなところに傍線引かれても興味ない」と言ってみたりするものなのですよ、思春期の生徒は。そして、あまり無理《むり》強《じ》いをすると悪影響が出ます。「とにかく解けばいい」という態度になり「早く終わらせよう！」としてしまうのです。熟慮を避け、無意識のうちに思考回路をフリーズさせてしまい、ただ文章を目で追うだけ……、問一からとにかく順番に文字を埋めていくだけ……ということになりかねませんから。

「でも先生、文章を読むことから逃げようとするのは、やはり問題だと思うのですが。そんなことで、これから大丈夫なのでしょうか？」そもそもの話になりましたね。「文章体験」（文章を読むという経験）が少ないのは、今後の成長にとって阻害要因になるのではないか、という心配です。次のように答えてみました。文章を読むという行為は、突き詰めれば「他人の声に耳を傾ける」ということになります。その際に、情報を受け取るというだけではなく、自分の中に生じる感情や感覚を味わうことまで含めた行為が「文章体験」なのだと思います。「何を読んだのか？」と、体験後に思い返してみればわかるのですが、「文章そのもの」を覚えているのではなく「その時感じたこと」を記憶しているものなのです。例えば小説を読んだ後、頭の中で再現される記憶が「映像」であるということも多いでしょう。文章体験は、視覚や聴覚といった五感についても存分に活用するものなのです。考えてみると、これは大変なエネルギーが必要な作業だとわかるでしょう。いわば「見知らぬ世界で、見知らぬ人と出会う」という経験に等しいといえます。そこでお母様に思い出してほしいのが、中学生にとっては日々の生活の方が「新しい出会い」の連続であるということです。「人生で初めての経験」を自分の中で処理するために、毎日、毎日、エネルギーを使い果たしているようなものなのです。文章体験を味わうなんて、「そんな余裕はない」と考えてあげた方がいいのかもしれません。「今を生きる」リアルな経験こそが、今後の文章体験を豊かにすることになるはずだと、長い目で見てあげてください。

「先生、中学生に優しすぎませんか？読解問題を解くことを習慣にしなさい！というくらいおっしゃってください！」お母様、容赦なく厳しいですね。ではアドバイスを一つ。読解問題を解くタイミングについてです。ある意味で波乱万丈の毎日を過ごしている中学生にとっては、一日の終わり近くに「文章体験」をあらためて付け加えるのは、容量オーバーになりかねません。ですか

らおすすめは、朝に読解問題を解くことになります。全国に広がった「朝の読書運動」はご存知ですよね。好きな本を10分でも読もうという活動です。そこから始めてもいいでしょう。徐々に、朝の時間に読解問題を解くということにチャレンジすれば、無理をせずに続けられると思いますよ。

今月のオトナの言い回し

切に願う

「命令しているとしか思えません！」強い口調で、そう訴えるのは教え子君です。今度は親御さんに対する不満を、教え子君が聞かせてくれました。お母様からさまざまなことを言い付けられるのだそうです。やれ「早く着替えなさい」だの、やれ「早く机の上を片付けなさい」だの。小学生ではないのですから、いちいち指図しないでほしいですよね。気持ちはわかります。でも、お母様にも「考え」があるということを、少し想像してみてください。着替えた後、一緒にお茶とお菓子にしようと思っているのかもしれないじゃないですか。「その次」を考えているからこそ、「今、これをしてほしい！」という発言があると思ってください。決して「命令」ではないのですよ。

「そんなの言ってくれなきゃわからないじゃないですか。手伝いをお願いされるときもそうですよ。いつまでにやってほしいということも言わずに、ただ命令するだけで。こっちは、わかった手伝おう、と思っているのに、結局、文句を言いながら自分でやり始めてしまうし。本当にやってほしかったの？って思うじゃないですか！」これは確かにそうです。教え子君の意見に耳を傾けるべきです。

仕事を依頼する際の「社会人のマナー」を持ち出すつもりはありませんが、家族だからといって「マナー違反」が許されるものではありませんよね。「頼み事」をする際にはちゃんと「お願い」をするべきですし、態度に表さなくてはなりません。心を込めてきちんとお願いすること。これを「切に願う」といいます。「切に」という言葉の意味は「痛切」（差し迫って身に感じる）や「切実」（心に強く感じる）といった熟語にするとわかりやすいですね。「心から、そうあってほしいと考える」ことが「切に願う」なのです。

中学生の肩を持つことになりますが、親子であっても「ちゃんとお願いすること」の大切さは、親御さんに伝えたいと思います。そしてこれとセットになるのが「願いをかなえてくれた」ことに対して、お子さんにきちんと感謝するということです。教え子君が例にあげたように、お子さんに「頼み事」をしていながら、結局、親御さんが片付けてしまっては、「願いをかなえられない」という結果だけを残すことになります。これはメンタル面でマイナスに大きく作用してしまいます。小さなことでも「願いはかなう」という一種の成功体験を積み重ねることが極めて重要なのです。お子さんの成功を「切に願う」という態度でいることなのですから、ぜひお願いしますね。

多彩な進路を支える教育システム

文化、科学の根底から学ぶ授業カリキュラムのもとで偏りのない学習をする中から自らの興味関心を発見するプロセスが、回り道のようですが最善のものです。この考え方に基づいて、高校１年までは全員が同じ内容を学ぶ期間としています。高校２年で文・理コース選択を、高校３年では18種類のコースから１つを選択し、希望する進路の実現を目指します。

このように、成蹊大学へ進学する30%の生徒と、全国の国公私立大学へ進む70%の生徒の両方に対応するカリキュラムに加え、卒業生の協力を得た様々な進路ガイダンスなどの行事とが組み合わされて、医歯薬、芸術分野を含む多彩な進路が実現しています。

国際理解教育の多様なプログラム

1949年開始の交換留学を始め、長期･短期の様々な機会が用意されています。１年間の留学でも学年が遅れない制度や、留学中の授業料等を半額にする制度を整え、留学を後押ししています。短期留学（２～３週間）には、50年余の歴史を持つカウラ高校（オーストラリア）との交流の他、ケンブリッジ大学、UC-Davisとの提携プログラムなど、将来の進路選択を見据えた成蹊ならではの特色あるプログラムを実施しています。また、高校では常時留学生を受け入れていますので、日常的に国際交流の機会があります。

過去3年間の主な進学先

東京大、大阪大、東工大、一橋大、北海道大、東北大、東京藝術大、東京外語大、筑波大、国際教養大、慶應義塾大、早稲田大、上智大、青山学院大、明治大、立教大、APU、東京慈恵会医科大、順天堂大、北里大、昭和大、東京医科大、日本医科大

本校の資料発送も承ります。
ご希望の方はお問い合わせください。

ＴＥＬ：0422-37-3818
ＦＡＸ：0422-37-3863
Email：chuko@jim.seikei.ac.jp

SEIKEI 成蹊高等学校

〒180-8633 東京都武蔵野市吉祥寺北町3-10-13 〔Tel〕0422-37-3818
〔URL〕https://www.seikei.ac.jp/jsh/ 〔E-mail〕chuko@jim.seikei.ac.jp

高校生から最難関大学合格を目指す場合、「早期にカリキュラム学習を終え、入試実戦演習の時間を確保すること」がとても重要になります。早稲田アカデミー大学受験部では、公立高よりもはるかに速いカリキュラムで学習を進めます。しかし、「ついていけないのでは……」という心配はいりません。講師の目が届く少人数制の授業で、ハイレベルな仲間と切磋琢磨しながら着実に力を伸ばせる。それが、早稲田アカデミー大学受験部です。

学びのシステム

「わからない」をつくらない復習型授業

早稲田アカデミーの授業では、新しい単元は講師が丁寧な「導入」を行います。大量の予習が課されることはありません。生徒が理解したことを確認して「問題演習」に入り、演習の後はしっかり解説。その日の学習内容を振り返ります。

また、毎回の授業で「確認テスト」を実施し、前回授業の定着度を測ります。理解を確かめながら“スモールステップ”で学習を進めるので、着実に力を伸ばすことができます。弱点が見つかった場合は、必要に応じて講師が個別に学習指導。「わからない」を後に残しません。

丁寧な導入
講師による丁寧な「導入」で理解を深め、「問題演習」へ進みます。

↓

担当講師による課題チェック
家庭学習や課題の取り組み状況も確認します。

↓

毎回の授業で行う確認テスト
確認テストで前回までの授業内容の理解度・定着度を測ります。

↓

弱点を克服するための指導
テストなどの状況によっては個別の課題を課し、弱点を克服します。

2021
大学入試 合格実績速報
公開中
こちらをご覧ください

生徒・保護者様対象　大学入試の「今」を知る　**無料**

2021 Web大学入試報告会

●東京大学入試分析映像　●早慶上智大学入試分析映像

大きく変わりつつある大学入試について詳細に分析し、**Webオンデマンド配信**にてお伝えいたします。

ご自宅で　ご都合の良い時に　ご覧いただけます

詳細・お申込はこちら

早稲田アカデミー大学受験部の詳細については…

お電話で　カスタマーセンター　TEL 0120-97-3737

スマホ・パソコンで　早稲田アカデミー　検索

早稲アカ大学受験部Webサイト

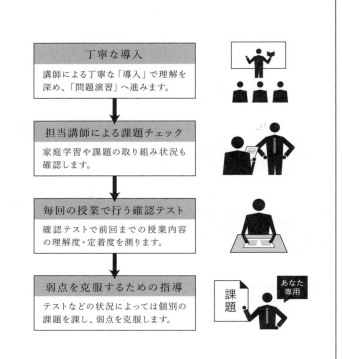

現役生専門／難関大受験

早稲田アカデミー大学受験部

早稲アカ大学受験部

少人数だから生まれる“仲間意識”

1クラスの人数は平均15名。少人数だから、講師は生徒の顔や名前、志望校をきちんと把握したうえで授業を展開します。また、講師と生徒だけでなく、生徒同士が意識し合えるのも少人数制クラスの特長。名前だけでなく、互いの発言を通して得意分野や考え方がわかっているからこそ、授業以外でも、教え合い、学び合い、ともに高め合うことができるのです。一緒に考え、刺激し合いながら切磋琢磨する仲間は、大学受験を最後までやり通す支えともなります。

講師と生徒がつくる"ライブ"授業

×××について
どう考えますか。
私は○○○○
だと考えます。
そういう考え方
もあるのか!
なるほど!

平均 15名 少人数制クラス

適度な緊張感 ／ 個別指導では得られない気付き ／ 講師の目が行き届く少人数設定

世界に羽ばたく仲間とともに学ぶ

早稲田アカデミー大学受験部生徒の国際科学オリンピック実績

国際地学オリンピック	国際物理オリンピック	国際数学オリンピック	国際情報オリンピック
金メダル受賞	銀メダル受賞	銀メダル受賞	銀メダル受賞
〈2019〉	〈2019〉	〈2019・2020〉	〈2020〉

早稲田アカデミー 大学受験部

ある日のはろくま
東大生の1日をのぞいてみよう

みなさんこんにちは！　初めてこのコラムを読む方もいると思うので、改めて軽く自己紹介をしますね。東大工学部都市工学科新4年生、水泳部競泳陣に所属するはろくまです。今回は私のことを知ってもらいたいという思いで、春休みのある1日の過ごし方について書いていきます。

起床は7時。部活動の朝練があると5時半に起きますが、いまはコロナ禍の影響で活動ができないので少し遅い起床です。ただ、高校生のころから朝型なのは変わらないので、休みの日でもわりと早めに起きています。

午前中は家庭教師のアルバイトで、約2時間、小学生の勉強をサポートします。たまに問題で悩むことがあると「東大生でもわからないことがあるんだ！」と無邪気に言われてしまうので、少しプレッシャーを感じます（笑）。

お昼過ぎに帰って家族とご飯を食べました。いまは家族もリモートワークであることが増えたので、みんなで昼食を取ることが多いです。午後は自主練のために近所の温水プールへ。1人だと学校での練習に比べて追い込むのが難しく、マネージャーさんやチームメイトのありがたさを実感しました。

オンラインでの活動 リラックスも大切に

夕方には就職活動のための「オンライン社員訪問」で、興味のある企業の社員さんに連絡を取って、仕事内容や働き方に関する話を聞きました。将来自分がしたいことなどを考えながら、その企業が自分とマッチしているかを見極めるための1つの判断材料になります。オンラインではありますが、しっかりメイクをしてスーツを着て、万全の準備をして臨むので、結構緊張します。

夕食後は、オンラインでゼミの仲間と自主的にミーティングを行いました。優秀な同期が多いので、いつも頭をフル回転させて取り組んでいます。オンラインだと気軽な雑談がしづらいのが難点ですが、その分、効率よく話しあいを進められるので、話が一気に進むことが多いかもしれません。

その後のお風呂タイムは、1日のなかで最もリラックスできる時間。最近はスマートフォンを持ち込んで動画を見たり、本を読んだりしているせいで、1時間以上経ってしまうこともあります。ただ、受験生のときはお風呂の時間もムダにしないように、英文の音読の時間に使っていましたよ！

そして、寝る前には30分間のオ

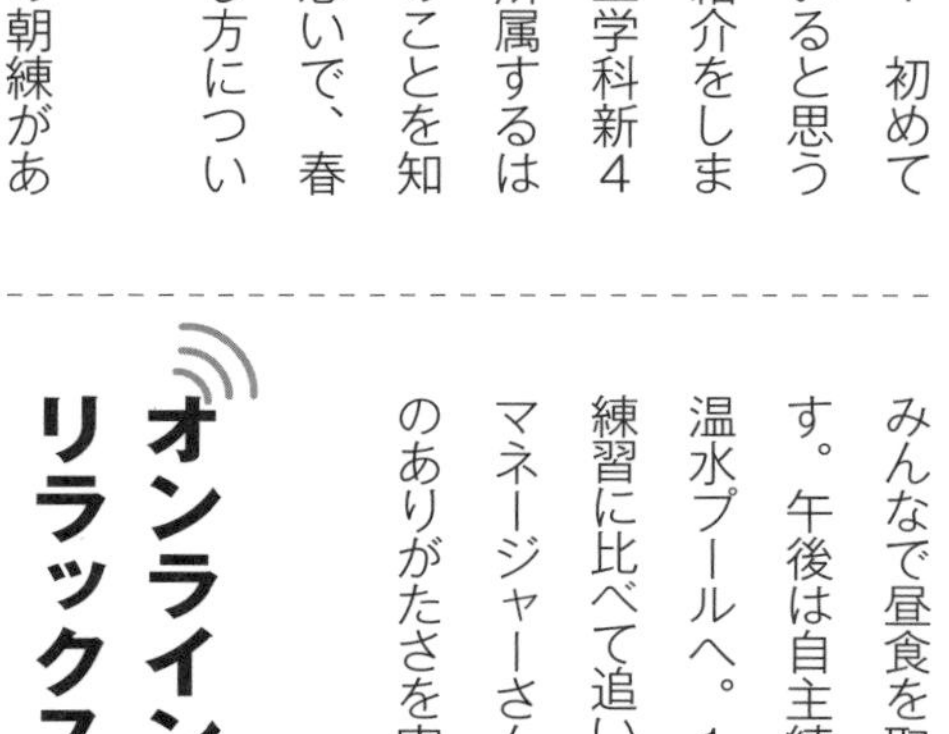
就職活動で活用する自作の自己分析ノート

私の周りの東大生

地域の方々と交流ができる東大ならではのプログラム

工学部都市工学科４年生Ｙさん

　このコーナーでは、周りの東大生にインタビューを行い、みなさんに東大をより身近に感じてもらうことをめざしていきます。今回紹介するＹさんは地方政策に関心があり、コロナ禍でも東大主催の「フィールドスタディ型政策協働プログラム」に参加しました。これは学生同士でチームを組み、地元の方々との交流を通して、国内の様々な地域が抱える課題について、その解決法を模索・提案していくというものです。

　Ｙさんのチームが交流したのは高知県の小学生です。昨年はコロナ禍で例年と異なるオンラインでの交流となったため、小学生も自分たちも楽しめて、たくさんの学びを得られる活動にするにはどうすればいいか全力で考えたというＹさんたち。その結果、オンライン交流会を通して、彼らの住む町の新しい魅力を知ってもらい、様々な知識をつけてもらうことをめざすことにしました。前例のない取り組みのため、自治体の方や小学校の校長先生とこまめに連絡を取りあって入念に準備をし、交流会後はフィードバックをもとに次の会に向けて再び準備を重ねるなど小学生の反応も参考にしながら手探りで進めていったといいます。

双方向のやり取りを大切にした交流会

　例えば、最初に互いの住む町を紹介してみたものの、発表を聞いて感想を言いあうだけでは、一方通行のやりとりしかできないということに気がつきました。そこで、オンラインでもできるゲームを考えていっしょに実施したり、お昼ご飯をいっしょに食べたりと、会話ができて、双方向で交流ができる取り組みへと変えていきました。Ｙさんによると、何人もの小学生がいるので、オンラインだと１人ひとりとの密な交流が難しいのが残念だったようですが、現地に行く必要がない分、長期にわたって交流を続けられるのはよかったといいます。また、「毎回本当に学ぶことが多く、とても充実した時間だった」とも語ります。

　首都圏で育ったＹさんが地方政策に関心を持ったのは、大学入学後にたくさんの学生が地方から上京しているのを知ったことがきっかけです。選択肢の多い都会へ来る若者が多いのは仕方のないことだと思いつつも、このままでは地方の過疎化が進む一方だと感じ、地方の魅力創出や地域課題の解決にかかわりたいと思うようになったのだそうです。将来は国家公務員として、そうした仕事に携わることが目標だというＹさん。社会のために本気になれるＹさんの話を聞き、なんだか私も社会に貢献できる大きな仕事がしたいな、と思いました。

はろくま
東大理科一類から工学部都市工学科都市計画コースへ進学した東大女子。趣味はピアノ演奏とラジオの深夜放送を聴くこと。

ンライン英会話レッスンを受けます。毎日色々な国の個性豊かな先生と話ができておもしろいですし、仲のいい先生とは友だちのように盛り上がるので楽しいです。大体23時にはベッドに入り、気を失うように寝てしまいます。

　私の1日、いかがでしたか？あまり東大生らしさはなかったかもしれませんが、こんな感じで自分のやりたいことをしながら、マイペースに過ごしています。もし興味を持ってくれたら、次号からもぜひ読んでみてくださいね。1年間よろしくお願いします！

キャンパスデイズ 十人十色

東京農工大学

工学部物理システム工学科
４年生

中島《なかじま》　大地《だいち》さん

深く学ぶほどおもしろい物理学の魅力

Q　なぜ東京農工大学工学部物理システム工学科を選んだのですか？

もともと「もの作り」に興味があり、工学部を中心に受験していました。現役時は大学で化学や生物を学びたいと考えて、それらが学べる学科を選択していましたが、浪人して勉強を重ねていったところ、物理のおもしろさに気づいたんです。そこで、大学でもっと深く物理を学ぶために、現在の学科を選びました。

東京農工大学は都内でも珍しい理系に特化した国立大学で、農学部と工学部の2学部から構成されています。私が所属する工学部の物理システム工学科は、学科再編により現在は募集を停止しているので、私たちがこの学科で学ぶ最後の学年となります。

2学部のみで大学の規模は小さく、学生数は多くありません。しかしその分、知りあいが作りやすく、学生と教員の距離が近いのは魅力だと思います。また、農学部があるからか、キャンパスは自然豊かな環境で、かつ、自宅から近いというのもこの大学を選んだ理由です。

Q　どんなことを学んでいますか？

物理学の考え方を工学に活かすため、理系科目を基礎から応用まで幅広く勉強します。1、2年生はほとんどの講義が必修で、物理学を専門的に学ぶうえで必要となる数学などの知識を習得します。3年生以降は少しずつ自分の興味関心に合わせて講義を選択していき、各分野に分かれて研究を行う流れです。

現在は、研究室に所属して卒業論文の執筆に向けてテーマを選定しているところで、ナノロボットに関する研究がしたいと思っています。ナ

得意・不得意だけで決めることなく
好きなことにじっくりと向きあってほしい

ノロボットとは、原子や分子などのとても小さな素材で作るロボットのことで、工学のなかでも比較的新しい分野です。

Q 印象に残っている講義はありますか？

研究者の養成を目標に掲げる大学ということもあり、知識以外にも様々な力を身につけるための講義があります。

なかでも印象に残っているのは、プレゼンテーションの講義です。2020年度はオンラインでの実施でしたが、例年はみんなの前に立って1人ずつ発表をします。テーマは工学に限らず様々で、私が発表したときは「自分の地元をアピールする」というものでした。自分が発表するだけでなく、ほかの学生の発表を聞くことで得るものもあり、有意義な時間を過ごせたと思います。

そのほか、「量子力学」や「熱統計力学」など、受験勉強では学ばないような物理学の詳細な分野に触れることができるのも、大学での学びならではのおもしろさだと思います。

社会情勢に影響を受けつつも自身の持つ夢をめざして

Q 将来の進路について教えてください。

例年、この大学の工学部では約8割の学生が大学院に進学しますが、一方で就職にも強いといわれています。工学部は「もの作り」の技術や知識が幅広く身につくので、機械系をはじめ電気系、情報系、医療系など多様な選択肢があります。

ただ、引き続き新型コロナウイルス感染症が流行している影響で、とくに就職に関しては不確定な情報や要素が多いんです。いまのところは他大学の大学院も含めて進学する方向で考えていますが、状況によっては就職も視野に入れようと思っています。

また、アウトドアな趣味が多く、旅行をしてゲストハウスなどに泊まるのが好きなので、そうした宿の経営にも興味があります。就職してお金を貯めながら、いつかは自分の宿を経営するというのも、思い描いている夢の1つです。

Q 読者のみなさんにメッセージをお願いします。

中高生のうちは、自分の好きなことを軸に持って、一生懸命に取り組んでほしいなと思います。

私自身、大学受験では現役入試の際とは違った分野に興味が移り、現在にいたっています。

将来なにが起こるかはわからないので、得意・不得意だけで自分の進路を選択するのではなく、やりたいことを探して、それを突き詰めてみてください。

TOPICS

朝学習の習慣化が受験にも活きた

中学時代は部活動で忙しく、予習や復習に毎日多くの時間を割くことはできませんでした。その代わり、朝は早く起きて学校に行く前に勉強するよう心がけ、とくにテスト前は朝5時半～6時ごろには起きて机に向かっていました。こうしてコツコツと積み重ねたことが、受験にも大きく役立ちました。朝早く起きて活動することは、習慣として現在も続けています。

周りにいる優秀な友人や先輩などをみていても、習慣化してコツコツと取り組むというのは大切なことだなと感じます。

長い時間、たくさんの課題をこなそうとしなくてもいいので、まずは毎日少しずつ取り組んでみてください。

大学で所属している自転車部の仲間とともに、静岡のキャンプ場へ行ったときの1枚

自転車部でツーリングを行っているほか、趣味の1人旅でも様々なところを訪れています

高校の文化祭で、演劇に参加したときの写真です

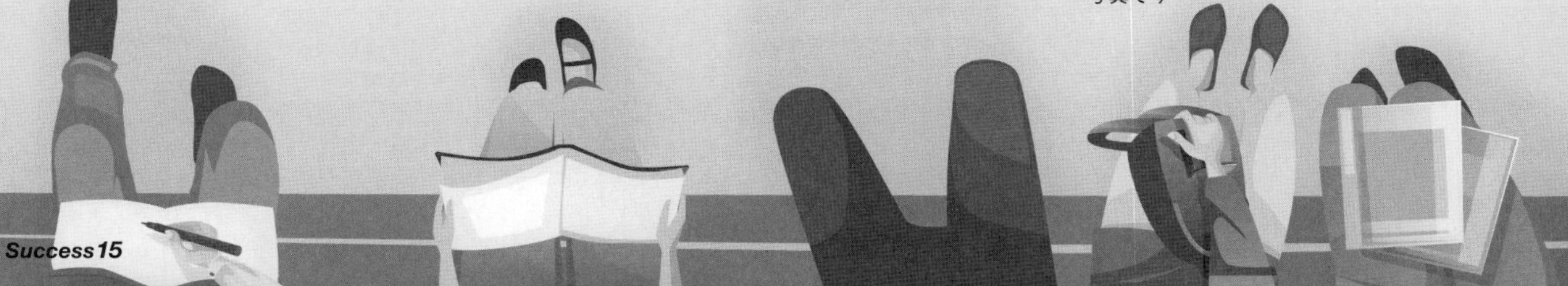

ちょっと得する

読むサプリメント

ここからは、勉強に疲れた脳に、ちょっとひと休みしてもらうサプリメントのページです。
ですから、勉強の合間にリラックスして読んでください。
このページの内容が頭の片隅に残っていれば、もしかすると時事問題や、
数学・理科の考え方で、ヒントになるかもしれません。

耳より ツブより 情報とどきたて……………………………81
「アレなに？」東京メトロの駅、その足元に登場したQRコード

マナビー先生の最先端科学ナビ……………………………82
パルスオキシメーター

なぜなに科学実験室……………………………………84
空気が動くときの不思議

中学生のための経済学…………………………………88
失業を減らすには？

PICK UP NEWS………………………………………89
バイデン政権スタート

思わずだれかに話したくなる　名字の豆知識……………90
今回は「山口」さん

ミステリーハンターＱのタイムスリップ歴史塾…………92
応天門の変

サクセス印のなるほどコラム……………………………93
worm moonって、なんのこと？

数学ランドへようこそ…………………………………94

Success Book Review…………………………………98
『推し、燃ゆ』宇佐見りん著

サクセス映画館…………………………………………99
ユニークな仕事人

解いてすっきり パズルでひといき………………………100

読者が作る おたよりの森………………………………102

耳より ツブより 情報とどきたて

「アレなに？」東京メトロの駅、その足元に登場したQRコード

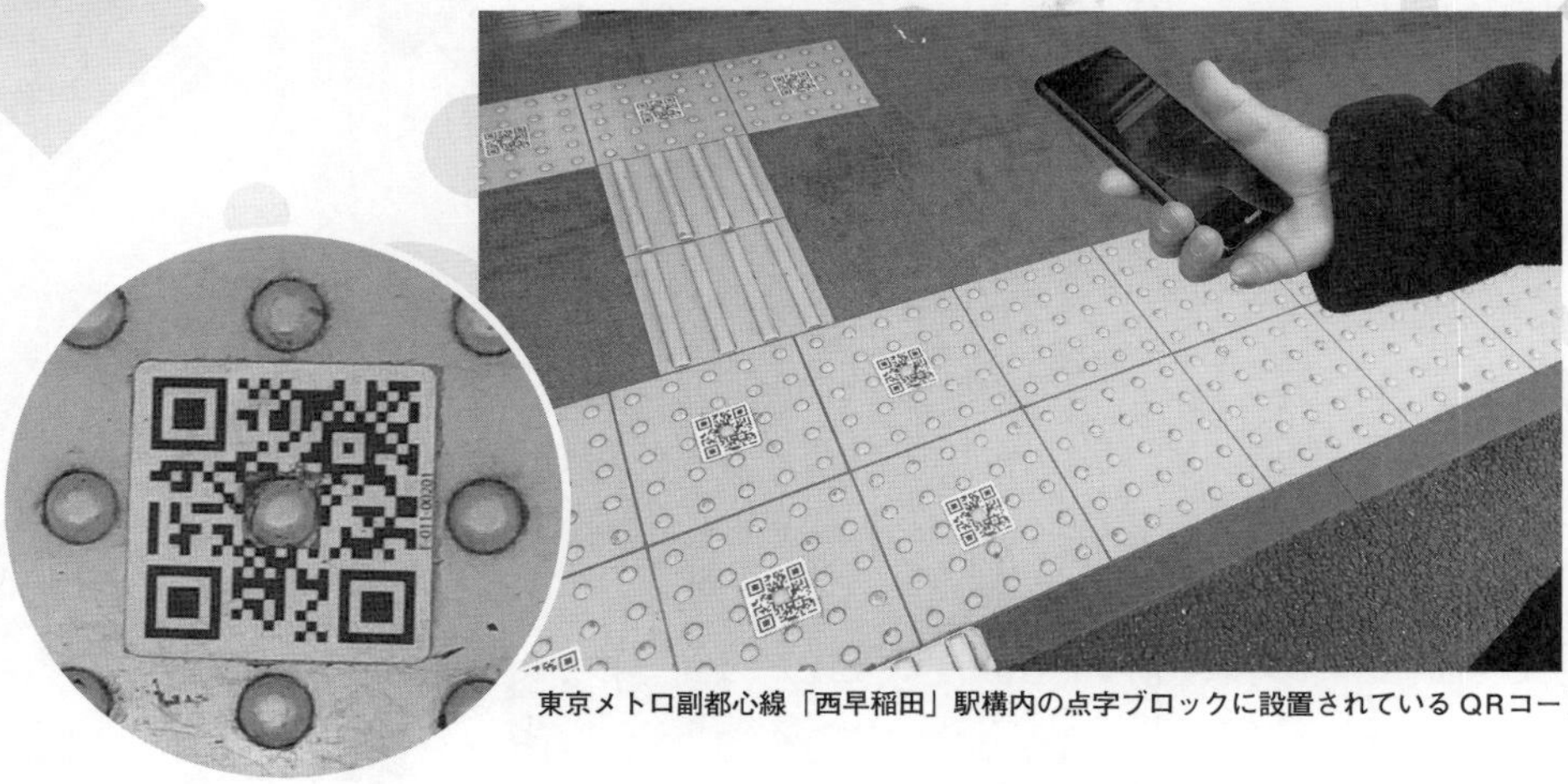

東京メトロ副都心線「西早稲田」駅構内の点字ブロックに設置されているQRコード

最近、東京の地下鉄にちょっとした変化があることに、みなさんは気づいていますか。

1月の末から、東京メトロのいくつかの駅構内各所の足元に、多くのQRコードが貼りつけてあるのです。

そのQRコードは10㎝四方程度**【写真】**で、視覚障がい者の方を誘導する黄色い点字ブロックの上に、いくつも見つけることができます。

「アレっていったいなんだろう？」

じつは、このQRコードは視覚障がいを持つ方の移動を助ける新兵器なのです。

目の不自由な方が、駅のホームから転落して亡くなったり、重傷を負う痛ましい事故があとをたちません。

いま国は、ホームドアの設置を急ピッチで進めていますが、まだ全国の駅の1割足らずにしか整備されていないのが現状です。

多くの費用がかかることと、工事できるのが、電車が通らない夜間の短い時間帯に限られていることもあって、設置が進むには、まだまだ時間がかかりそうです。

QRコードからの音声で移動を安全に

東京メトロでは、視覚障がい者の外出支援事業などをメイン事業とするリンクス㈱と組んで、駅を安全に利用できるシステムを長年にわたって研究してきました。

そして行きついたのが、QRコードから流れる音声によって、駅構内を安心して移動できる「視覚障がい者ナビゲーションシステム」でした。

2017年には実現に向けて本格的な開発をスタートしました。これまでいくつかの駅構内で、150人以上の視覚障がい者の協力を得た実証実験をくりかえし、いま、このサービスが本格始動したのです。

どのように利用されるのかというと、まず、「shikAI（シカイ）」というアプリをダウンロードして登録します。すると連絡があり、歩行指導員とともに実際に駅構内をいっしょに歩いて、使い方を練習します。

それをクリアしてスマホを持って歩けば、1人で駅の入口から、乗車、乗り換えまで、スマホから聞こえる「道案内」と「駅構内情報」によって安心して駅のなかを歩き回ることができます。

2月10日現在は、北参道駅、新木場駅、辰巳駅、西早稲田駅、明治神宮前〈原宿〉駅の5駅だけの対応ですが、東京メトロでは4月には全9駅に設置を広げ、さらに対象駅を拡大していく予定です。

それでも万一のときは「声かけ」を

しかし、いまでも最も有効なのが周囲の人々による「声かけ」だといわれています。

まず「危ないですよ」「止まってください」などと声をかけてから危険な状況を説明し、「なにかお手伝いできることはありますか」と、案内するようにすることがポイントです。

その後、安全な歩行に移ったかどうか、最後まで見届けることも大切です。

ご紹介したようなシステムが、ほかの鉄道事業者にも広がって、みんなで障がい者に優しい社会にしていきたいものです。

The most Advanced Sciences Navigation 014

マナビー先生の

最先端科学ナビ

FILE No.014

パルスオキシメーター

コロナ禍の医療で絶対必要 その原理は日本人が発明

新型コロナウイルスによる感染症がまだまだ収束しないね。

このような感染症に罹患《りかん》してしまったとき、患者にとって絶対に必要になる検査機器の1つがパルスオキシメーターだ。

なんとなく聞いたことがあるかもしれないね。じつは、いま注目されている、この機器を開発したのは日本人の青柳卓雄さん（＝日本光電工業株式会社、故人）だ。

では、そのパルスオキシメーターは、なにをどうやって測り、どんな機能を持っているのだろうか。まず説明しよう。

パルスオキシメーターは、動脈血中の酸素飽和度（ヘモグロビンがどの程度酸素と結びついているか）を、採血なしで連続的に測定する機器だ。以前は、針などで身体に傷をつけ、一瞬とはいえ患者に痛い思いをさせて採血をして検査しなければ測ることはできなかったんだ。

人は血液によって酸素を身体全体に運んでいる。このことは知っているよね。肺で吸収した酸素は、血液のなかにある赤血球、そのなかにあるヘモグロビンに取り込まれて、運ばれていく。

ヘモグロビンは酸素と結びつくと鮮やかな赤色、結びついていないと暗い赤色になる。

パルスオキシメーターは、色によって光の吸収しやすさが異なることを利用して、動脈血中の酸素飽和度を算出する機器だ。

指をセンサーではさんで、波長の異なる2種類の光を当て、吸収されずに指を通り抜けた光を測定して分析するんだ。これはちっとも痛くないから患者に優しい。同時に心拍数も測ることができる。

基本原理はわかってもらえたかな。小さな道具だけれど、すごく工夫されているね。

血液中の酸素の濃度を リアルタイムに観察する

血液中に十分な酸素がないと命にかかわる。

例えば、いま世界が戦っている新型コロナウイルス感染症では、患者によっては急に悪化してしまう例がある。だから、肺が機能しているかどうかを、つねに観察することが必要だ。

採血による測定では、刻々と変化する患者さんの容態をつねに、リアルタイムに正確に知ることはできない。だけど、パルスオキシメーターなら、身体に酸素がどの程度足りているか、患者さんを傷つけることなく、かつリアルタイムに把握することができる。

とくに今回の新型コロナウイルス

マナビー先生

大学を卒業後、海外で研究者として働いていたが、和食が恋しくなり帰国。しかし科学に関する本を読んでいると食事をすることすら忘れてしまうという、自他ともに認める“科学オタク”。

血中酸素飽和度をつねに見守る いま注目の「命を守る検査機器」

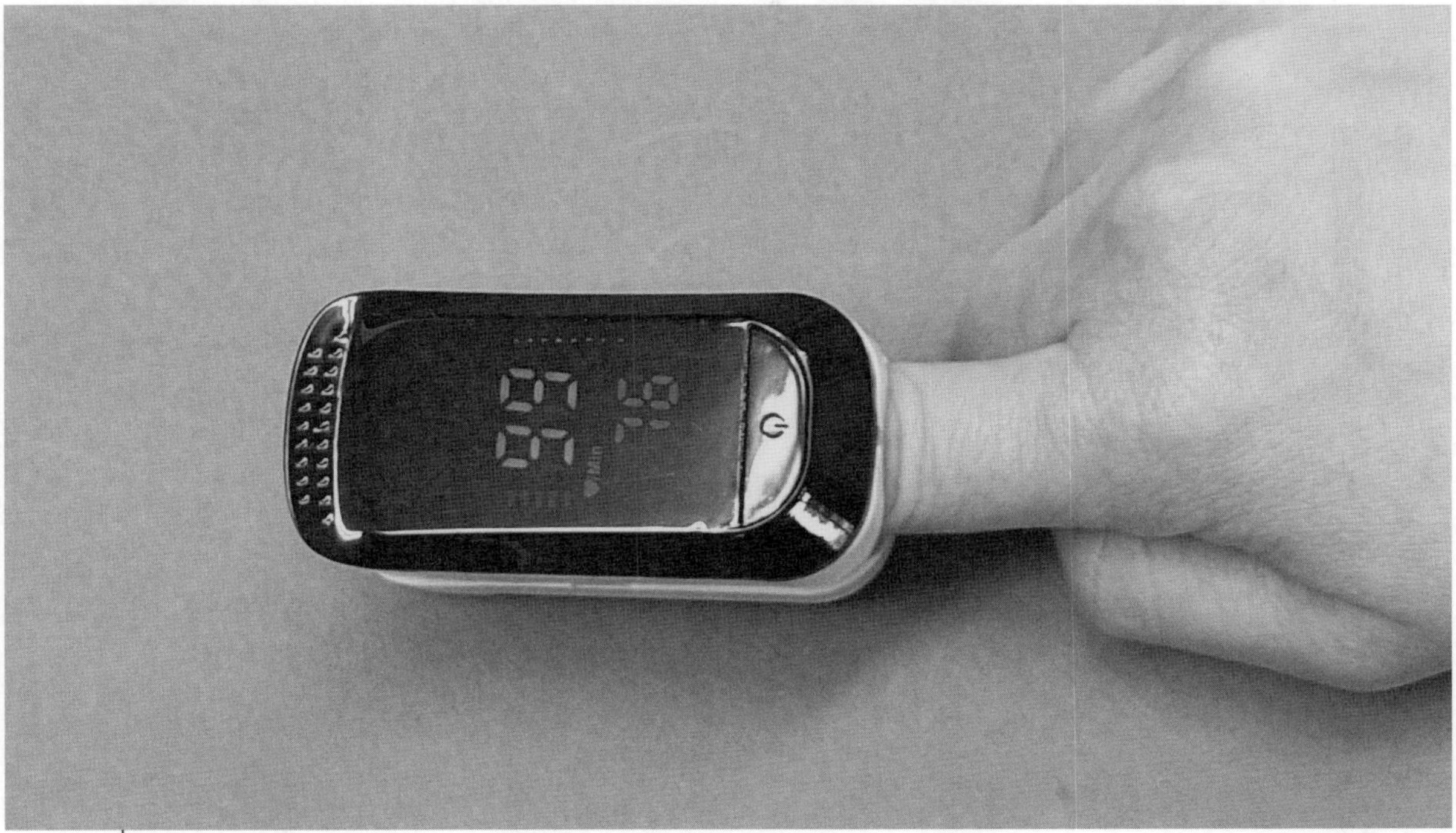

指先にはさんでリアルタイムに血中の酸素飽和度を計測するパルスオキシメーター（99が酸素飽和度、76が心拍数）〜本誌撮影

感染症では、悪化し重篤《じゅうとく》な肺炎にいたっているかどうかを判定する、非常に重要な機器となっているよ。

いま、新型コロナウイルス感染症で苦しむ世界中の人々の命を守っているパルスオキシメーターの原理を発明したのが日本人だなんて、ちょっと嬉しくなるね。

一家に1台の時代が来るかも知れない機器

個人差はあるけれど、一般には健常者の多くはパルスオキシメーターで測定した値は96〜99％の範囲にあるそうだ。

さて、測定するときはどんなことに気をつける必要があるだろうか。

パルスオキシメーターは、人体の重要な情報を計測するものだから、安全性と基本動作が国際規格で制定されている。まず、しっかりと規格を守ったパルスオキシメーターを購入する必要がある。

次に、2つの光が爪から入って指の下まで透過することで測定する装置だから、爪がマニュキアや付け爪などで覆われていると、それが障害物となって光の状態が変わってしまうから、これは困る。

また、指先が汚れていたり、もちろんパルスオキシメーターそのものの発光部やセンサー部が汚れていてもだめだ。センサーに発光部以外の光が入る状況もまずい。

寒いときなどは血管の収縮が起こり血流が減少してしまうこともあるから、寒いときの外出から帰ったすぐあとなどは誤計測が起きたりする。そんなときは少し時間をおいてから測定するようにしよう。

また、パルスオキシメーターを使ったためにウイルスに感染してしまっても困るよね。個人で使い続ける場合以外はしっかりとアルコール消毒をすることも大事だね。

将来はパルスオキシメーターが一家に1台、体温計と同じように救急箱に用意されている時代がくるかもしれないね。

Why? What! なぜなに科学実験室

「見たことある」「やったことある」「でも、それがなんで不思議なの？」「それって当たり前じゃん」……。でも日常のふとした一瞬を、「あれ、ちょっと待てよ」と不思議に感じたり、「もう少し詳しく見てみよう」と立ち止まるところに科学の種が転がっています。

この「なぜなに科学実験室」は、身の周りにこそ、科学を楽しむ種があることをお知らせしたいとの思いから始めたコーナーです。

当たり前だと思っている現象でも、ちょっと角度を変えて見てみましょう。そこに大発見があるかもしれません。

さて、案内役はこの実験室のヌシ、もうおなじみになった「ワンコ先生」です。

そして、今回のテーマは「空気が動くときの不思議」です。

空気が動くときの不思議

みなさんこんにちわ。「なぜなに科学実験室」の案内役、ワンコ先生です。

今回の実験では空気の不思議を感じてもらいます。

普段、私たちは空気を意識することはありません。でも風が吹くとき、空気が動いていることを身体で感じることはできると思います。今回は空気が動くとき、その周りではなにが起こっているのかについて考えます。

ワンコ先生

1 用意するもの

❶コピー用紙（雑紙でもOK、2～3枚）

❷カード数枚（画用紙を名刺大にカットしておきます）

❶は厚みがコピー用紙ぐらいならどんな紙でもOK。大きさはA４～A３ぐらい。

❷は古くなった名刺などでも大丈夫。

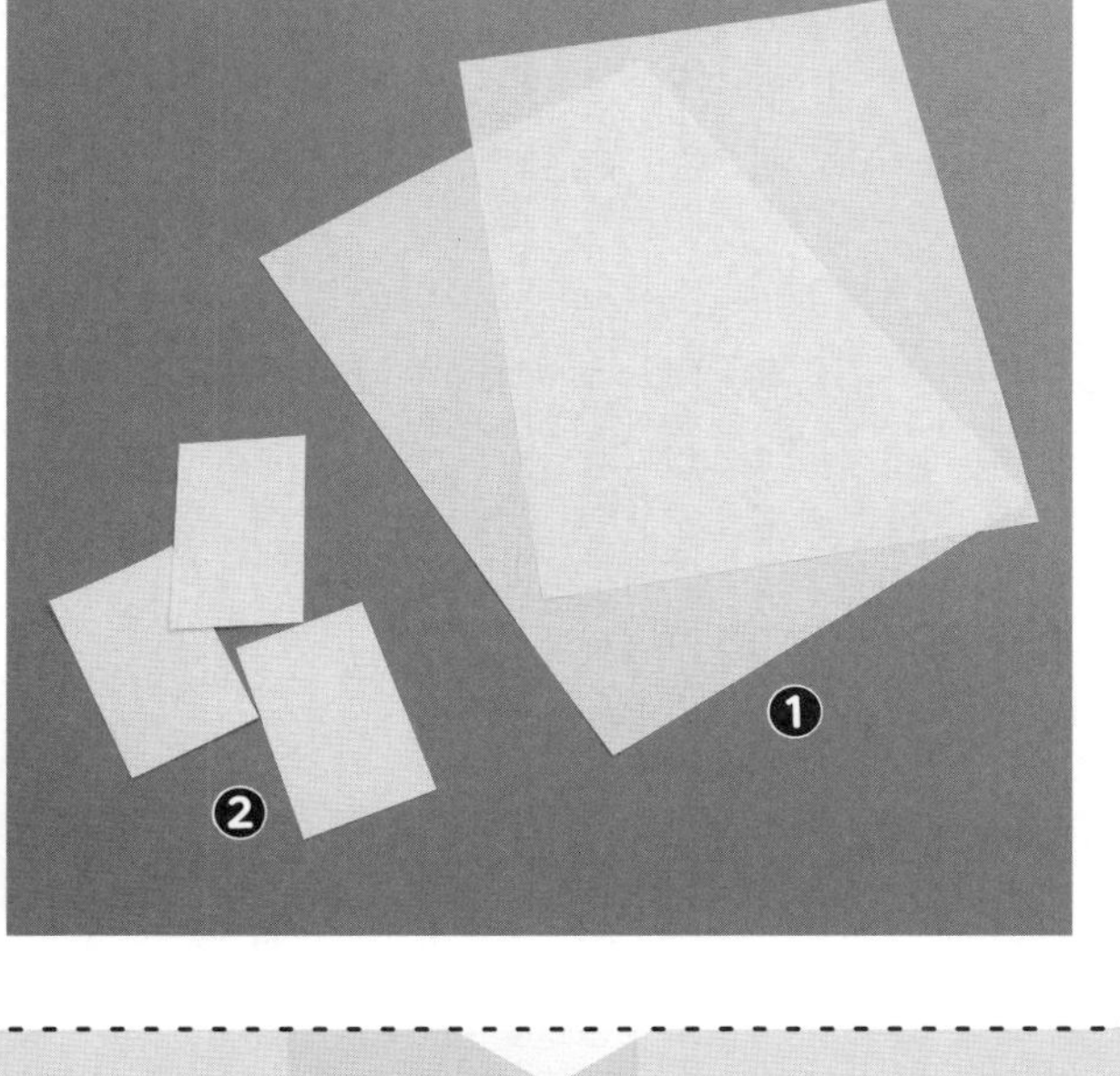

2 用紙2枚をぶらさげる

用意したコピー用紙を、顔の前に、間隔を10㎝ほど離してぶらさげます。そして紙の間に思いきり息を吹き込みます。どうなるかな？

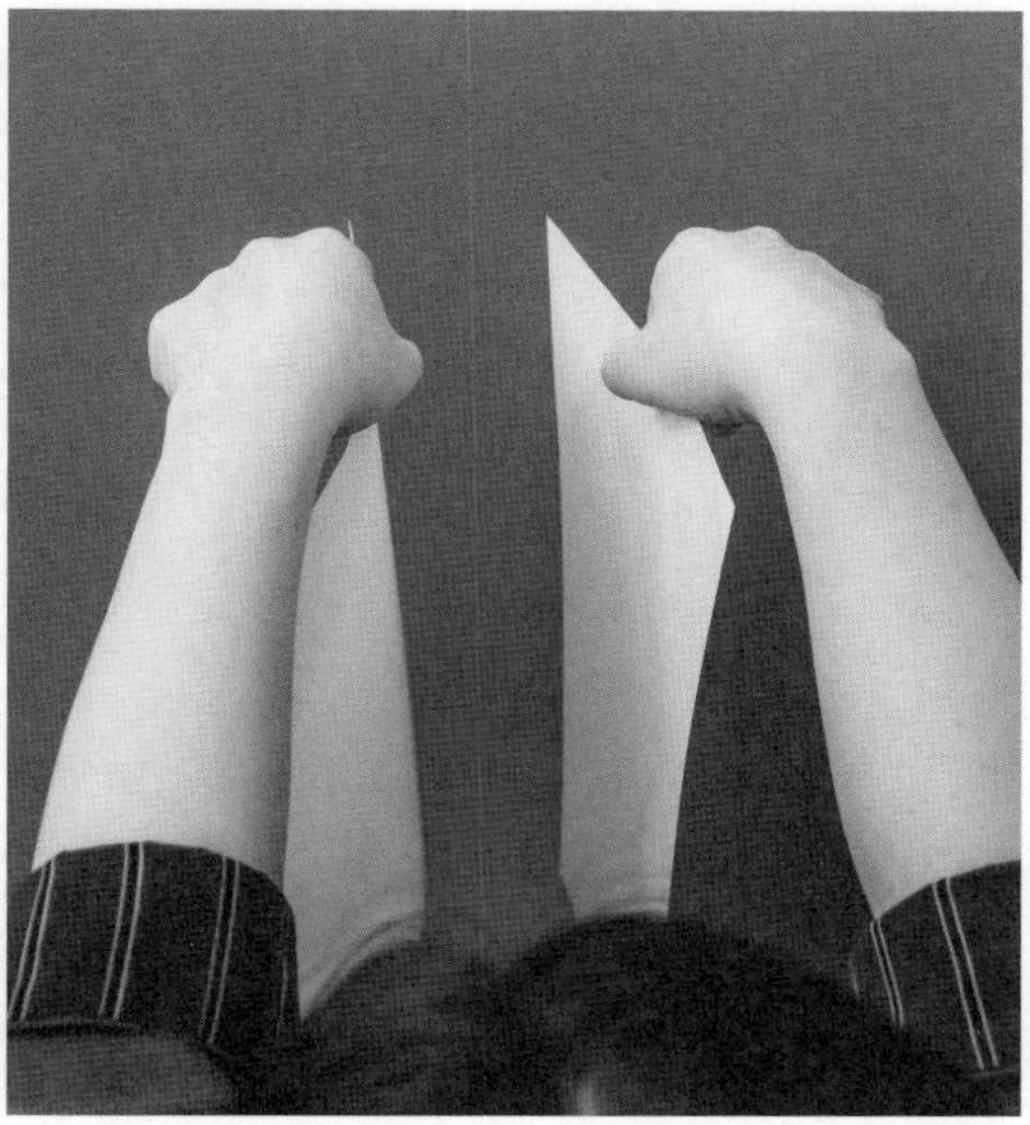

3 紙は離れず互いにくっつく

強く息を吹き込むと、紙同士は離れず互いに引きあうようにくっついてしまいます。うまくいかないときは大きな紙を使いましょう。

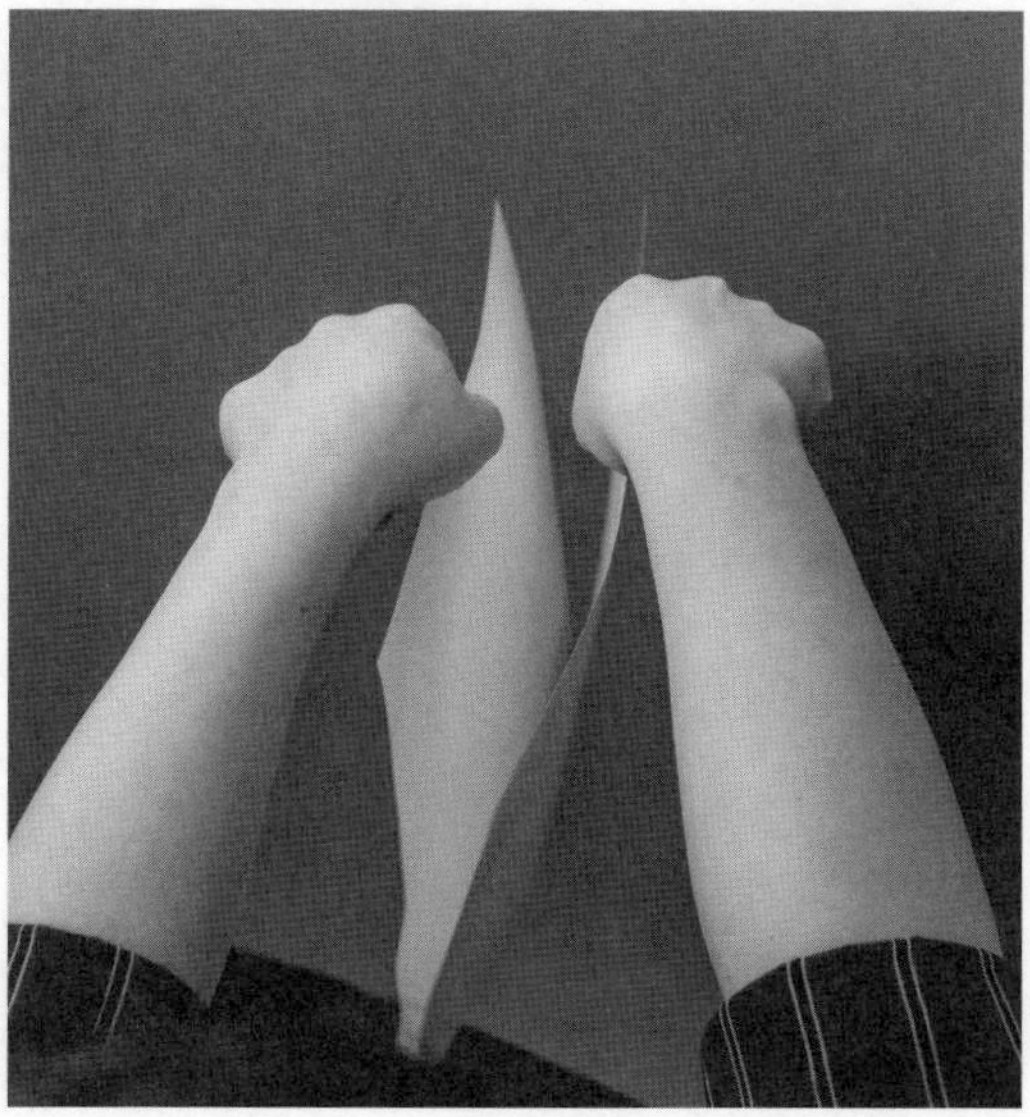

4 カードの準備（1）

厚手の紙で作ったカードの、短辺の端15㎜ぐらいをつまんで折り曲げます。

5 カードの準備（2）

反対側の短辺も15㎜ぐらいをつまみ折り曲げます。

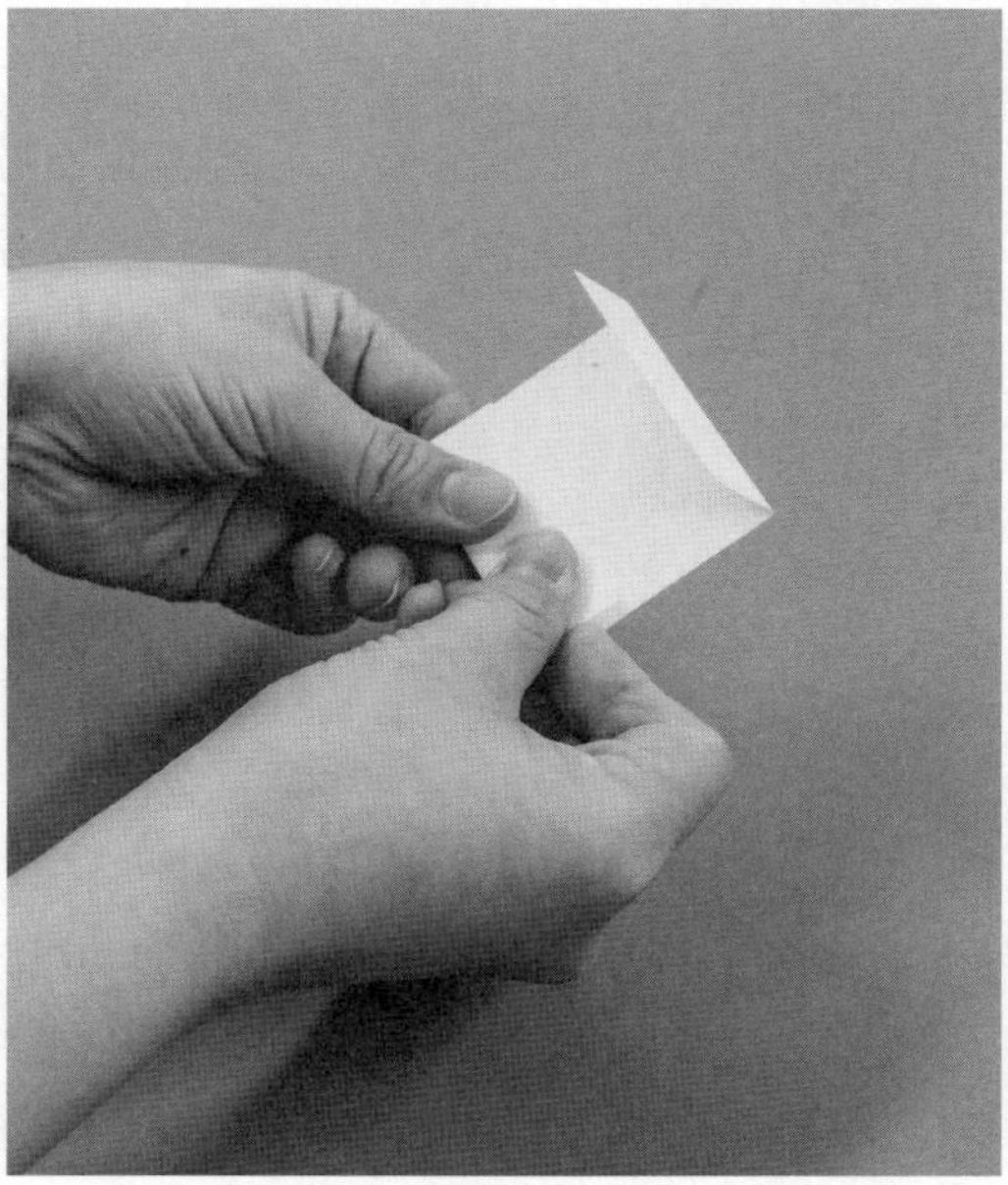

6 カードの準備（3）

コの字形にでき上がったカードの開口部を下にして持ちます。

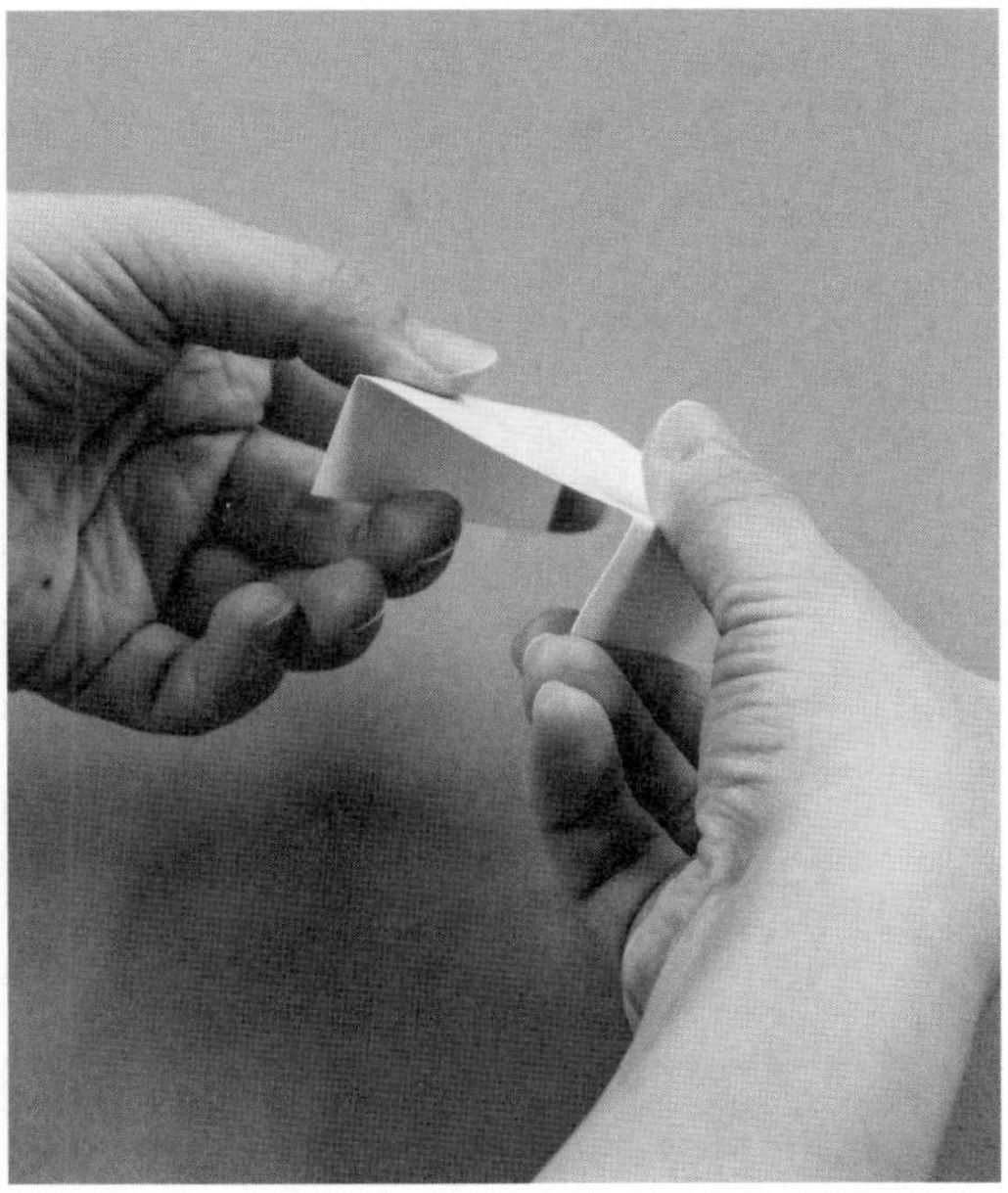

7 カードの準備（4）

目の前のテーブルの上に、開口部を下にしたカードを写真のように置きます。「カードのトンネル」の完成です。

8 吹き飛ばせるかな？

「カードのトンネル」の開口部に、強く息を吹きかけて、このカードを吹き飛ばそうとしてみてください。うまくいくかな。

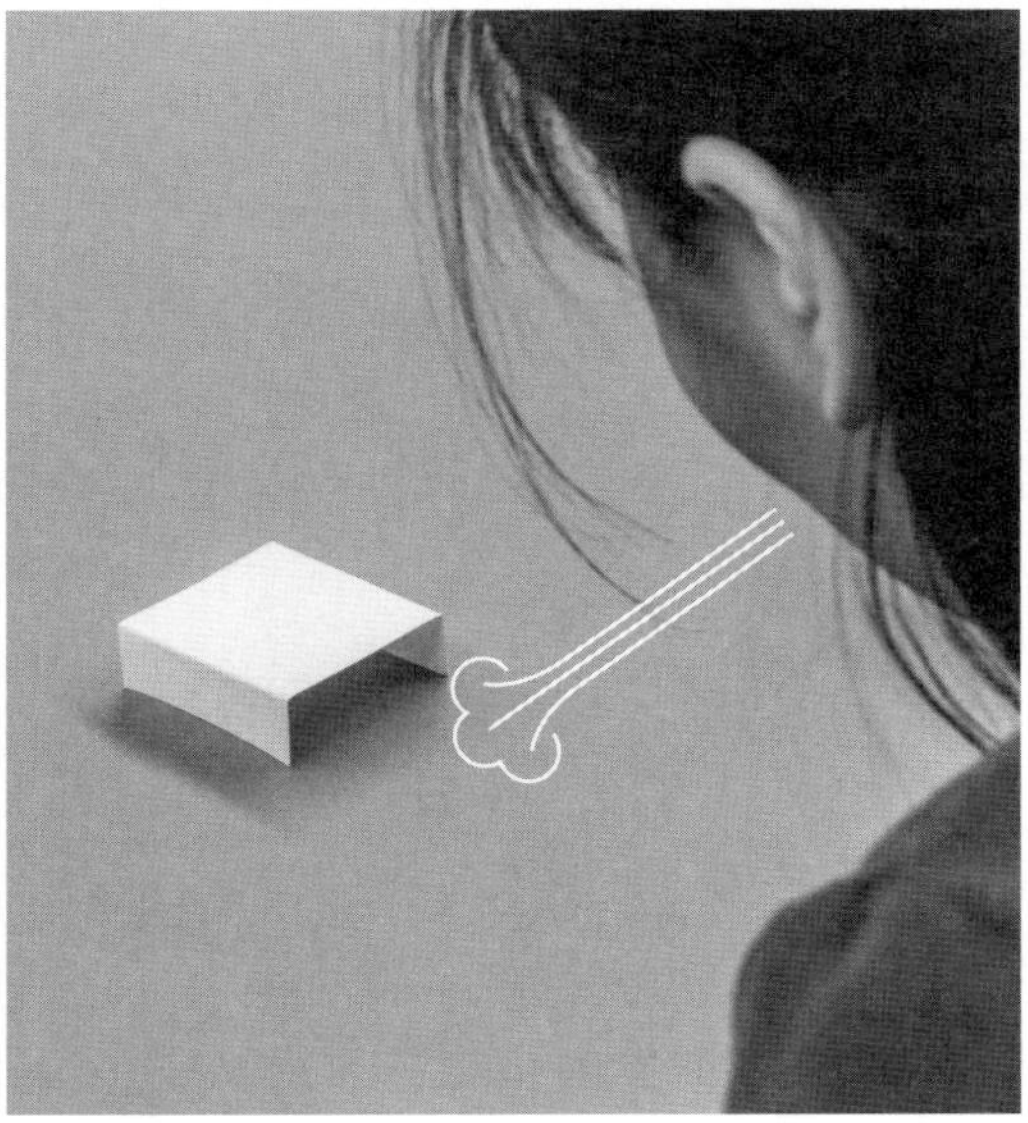

9 カードは動かない

息を吹きかけてもカードは張りついたように動きません。ラップの芯などを使って【写真】、さらに強く息を吹きかけてもカードが吹き飛ぶことはありません。

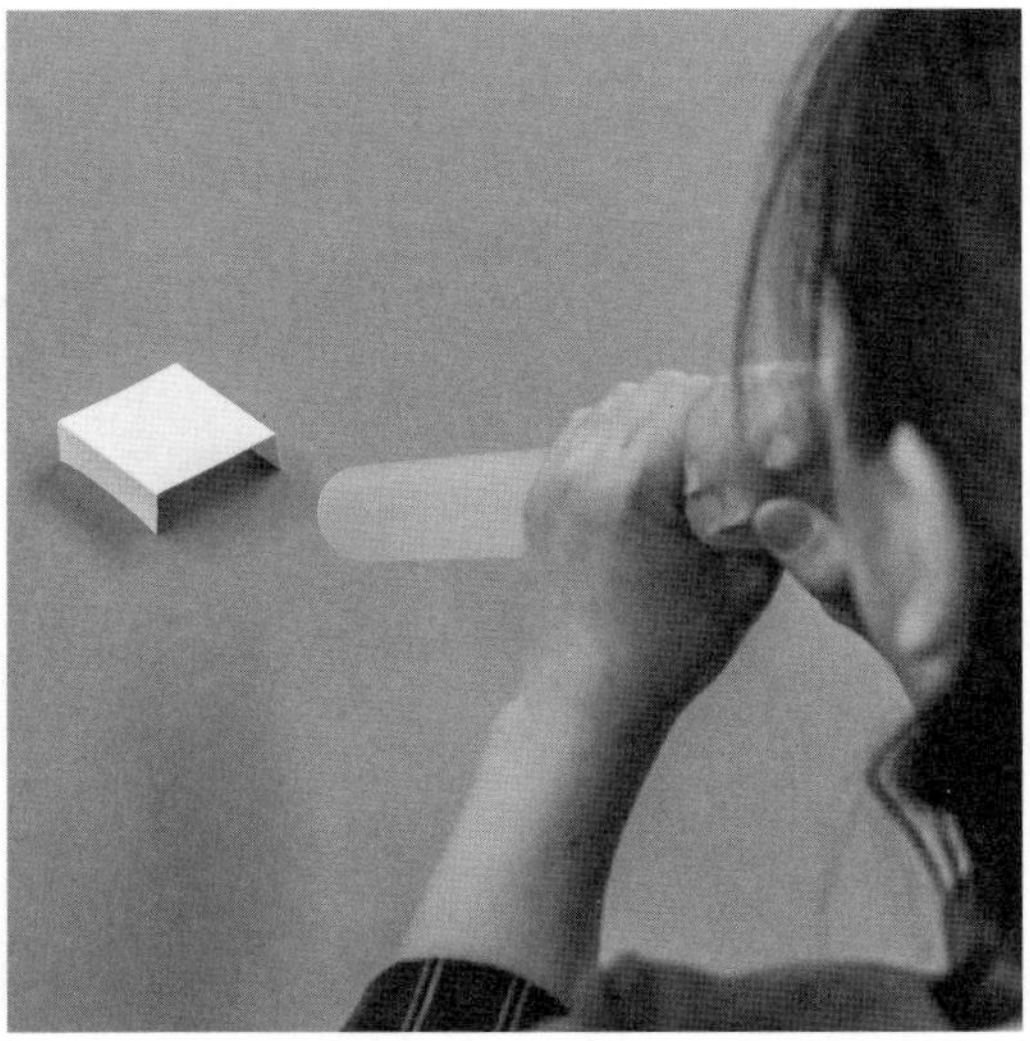

解説 不思議の秘密は「流体の性質」にあり

空気も水や油と同じ「流体」

今回の実験でみんなに確かめてもらいたいのは、タイトルにあるように「空気が動くときの不思議」です。空気が動くことを日常生活で感じるのは、「風」を受けたときですね。ですから、うちわであおいで風を起こす行為は、人が空気を動かしているということになります。

動いている空気は「流体」です。流体とは、気体や液体のように少しの力を加えると容易に変形する物質のことです。空気は目に見えないので、あまり意識することはありませんが外力によって絶えずその形を変えています。

空気にも粘性(ねばりけ)がある

さて、初めの実験「吹くと近づく２枚の紙」に不思議さを感じましたか？　２枚の紙は吹きかけた息の風に押されて、離ればなれになるどころかお互いが近づいて下の方がくっついてしまいましたね。

２枚の紙の間に思いきり息を吹き込んだときの、紙の間を通る空気の流れを考えてみましょう。吹き抜ける中心部分の空気は速いスピードで通り抜けていきます。

しかし、目には見えませんが空気にも油と同じように粘性があります。ですから、紙に近いところの空気は、紙の壁にまとわりつくイメージで空気の流れは遅くなります。

流れが遅くなった空気は、速い流れの中心部に引っ張られ、中心部に引き寄せられます。これに引っ張られて両側の紙も引き寄せられたわけです**【模式図１参照】**。これに伴って紙の外側の空気も引っ張られます。

ただ紙と紙がピッタリと張りつくことはありません。空気が動いている間は、紙の間には薄い膜のように空気が存在します。紙を床に落とすと、最後はスーッと滑るようにして床に落ちます。最後まで空気の層があるからです。

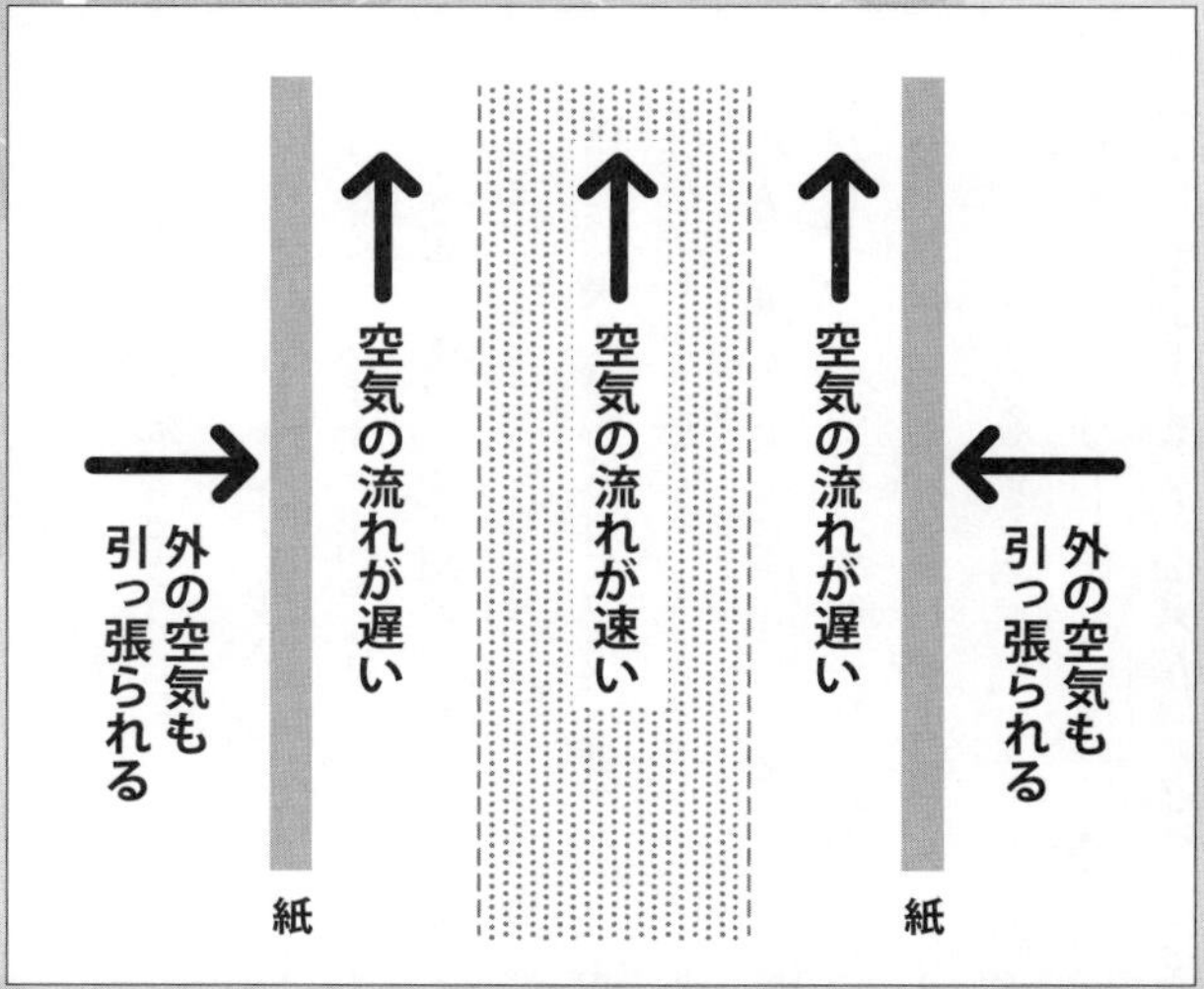

【模式図１】

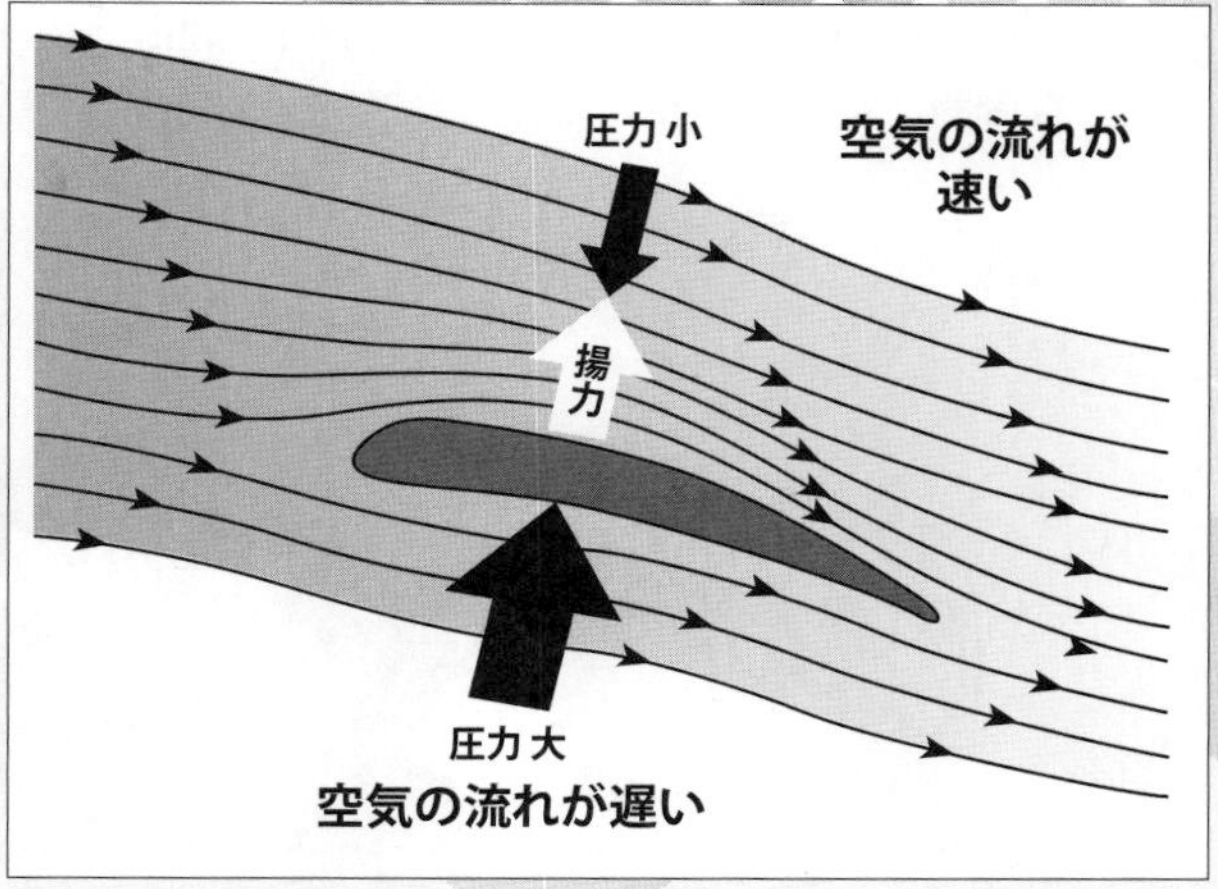

【模式図２】

２つ目の実験、「カードのトンネル」も、同じ原理での現象と考えられます。

四角いトンネル状になったカードの内側を空気が通り抜けるとき、紙に近い側の空気は動きが遅いため、速く流れる中心部に引っ張られます。

カードがたわんでテーブルにへばりついているように見えるのは、外側の空気も引っ張られて、カードの紙を押さえつけているからです。このためカードのトンネルは、大きく場所を変えたり、吹き飛んでしまうことはありません。

飛行機が空を飛ぶ原理は

「空気の流れが速い」ことと「遅い」ことの差が生じると、私たちの周りでは様々なことが起こっています。

これは飛行機の翼にも関係します。飛行機の翼の断面を見てみると、**【模式図２】**に見られるように、上面では空気の流れが滑らかで速くなり、下面の遅い空気の流れと差ができます。

上面の空気の流れが速くなると、上面付近の気圧が下がります。上下の圧力差が、下面では翼を下から押し上げる力となり、この力を「揚力」と呼びます。

この原理は理系の大学で学ぶ「ベルヌーイの定理」で説明されますが、それだけでは不十分で、「クッタの条件」という一定の条件の下、翼の周りで渦が循環することも関係しているといわれます。

このように、みなさんの小さな実験からわかることが大きな現象にもつながっています。そこで次回も「空気が動くときの不思議」について実験してみることにします。

動画はこちら▶

空気が動くときの不思議は、こちらの動画でご覧ください。

そうだったのか！

中学生のための経済学

山本謙三

オフィス金融経済イニシアティブ代表、東京大学教養学部卒、前ＮＴＴデータ経営研究所取締役会長、元日本銀行理事。

「経済学」って聞くとみんなは、なにか堅〜いお話が始まるように感じるかもしれないけれど、現代社会の仕組みを知るには、「経済」を見る目を持っておくことは欠かせない素養です。そこで、経済コラムニストの山本謙三さんに身近な「経済学」について、わかりやすくお話しいただくことにしました。今回はコロナ禍で大きな問題となっている「失業」についてのお話です。

©T-KONI / PIXTA

失業を減らすには？

２０２０年は、新型コロナウイルスの感染拡大をきっかけに、世界中で多くの人が職を失いました。みなが外食や旅行を自粛した結果、飲食業や宿泊業などで、従業員を減らした企業が多かったからです。日本でも完全失業率は、コロナ禍以前の低水準から上昇しました（２０１９年12月２・２％→２０２０年10月３・１％→同年12月２・９％）。

ひと口に「失業」といっても、厳密な定義は案外難しいものです。例えば、飲食店で少しの時間アルバイトをしていた学生が職を失った場合、失業に当たるでしょうか。人によって見方が分かれそうです。そこで、統計の作成に当たっては、「完全失業」という概念を用い、失業を厳密に定義します。具体的には、①仕事がなく、調査期間中に少しも仕事をしなかった、②仕事があればすぐに就くことができる、③調査期間中に、仕事を探す活動や事業を始める準備をしていた、の３つの条件をすべて満たす人を「完全失業者」と呼びます。

③の「仕事を探す活動」とは、公共職業安定所（ハローワーク）などで、具体的な求職活動を行うことです。したがって、仕事を失っても、求職活動を行っていなければ、「完全失業者」にカウントされません。ちなみに「完全失業率」とは、就業者と完全失業者の合計に占める完全失業者の割合をいいます。完全失業率３％とは、働いている、または働こうとしている人のうち、１００人に３人の割合で失業状態にあることを意味します。

国はどう対応する？

失業すれば、収入を失い、生活水準を維持できなくなります。深刻な社会問題であり、どう失業を減らすかが国の重要な政策課題となります。そのためによく用いられる手段は、道路の修復工事や鉄道の建設工事など、公共投資を増やすことです。工事を増やせば、多くの人を雇い入れることができるからです。ただし、公共投資は効率的に行われなければなりません。例えば、ブルドーザーでなく、シャベルで道路を掘り返せば、より多くの人を雇えるでしょう。しかし、それでは費用のムダ使いとなります。公共投資に必要となる費用は将来の世代も負担することになるので、やはり監視を怠れません。

新型コロナウイルスの感染拡大に際しては、政府は、苦境におちいりながらも雇用を維持する企業に助成金を出すなどして、失業の増加を抑えてきました。緊急事態にあっては、こうした特別な措置が欠かせませんが、これもいつまでも続けられるわけではありません。公共投資や補助金の原資となる税収には限りがあるからです。そうであれば、やはりできる限り早く経済を成長軌道に戻すことが必要となります。

ワクチンの接種が進むまでの間、世界中の国が、感染拡大の防止と経済の立て直し（雇用の回復）の両立という難しい課題に取り組まなければなりません。

連邦議会議事堂で行われた就任式で、就任演説を行うバイデン大統領（2021年1月20日撮影　アメリカ・ワシントン）写真：AFP＝時事

PICK UP NEWS
ピックアップニュース！

今回のテーマ

バイデン政権スタート

昨年11月のアメリカ大統領選挙で当選したジョー・バイデン氏の大統領就任式が１月20日、厳戒態勢の下、首都ワシントンで行われ、正式にバイデン政権がスタートしました。

バイデン氏は78歳で、史上最高齢。また、カマラ・ハリス氏は初の女性副大統領であると同時にアジア系の血を引く黒人であるのも初めてです。バイデン政権は女性閣僚が多数を占めており、国防長官に初めて黒人を起用するなど、斬新さもめだちます。

バイデン大統領は政権発足初日に、トランプ政権が離脱した、地球温暖化対策の国際的枠組みであるパリ協定に復帰する大統領令に署名しました。世界保健機関（WHO）脱退の撤回、メキシコ国境の壁建設の停止など、矢継ぎ早にトランプ政権とは異なる姿勢を鮮明にしています。一方で中国への厳しい姿勢は維持していく方針と伝えられています。

バイデン氏の当選が明らかになって以降、敗れたトランプ陣営は、選挙で不正が行われたとして、裁判所に提訴したり、選挙管理委員会に票の数え直しを要求したりするなどしましたが、トランプ氏側の訴えはどれも認められませんでした。ところが、連邦議会が大統領選挙人団の投票結果を認定、バイデン氏の当選を確定する予定だった１月６日、議事堂周辺でデモを行っていたトランプ支持派の人々に対し、トランプ氏自身が、「選挙は盗まれた。ともに議事堂に向かおう」と呼びかけ、これに応じたデモ隊の一部が議事堂に乱入するという事件が起きました。

乱入者の一部は武装しており、警備当局は州兵まで動員して鎮圧しましたが、この騒ぎで警官１人を含む５人が死亡、１月末時点で130人以上が逮捕されています。

一般国民の多くは強いショックを受け、マスコミもこの行為を「テロ」として強く非難しました。

連邦議会は、トランプ氏を「議会襲撃を扇動した」として弾劾決議をしました。同氏が弾劾を受けるのは２度目で、大統領が２度も弾劾を受けたのは初めてです。

バイデン氏は就任式で、「人々に団結を呼びかけ、この国を１つにする」と述べましたが、トランプ支持者の反発は根強く、同政権は前途多難といえそうです。

ジャーナリスト　大野　敏明
（元大学講師・元産経新聞編集委員）

思わずだれかに話したくなる

名字の豆知識

第16回

今回は

山口

山口って山の入り口？

全国14位の「山口」山口県では90位

14番目に多い名字の「山口」は全国に約63万6900人いると思われます（新人物往来社『別冊歴史読本　日本の苗字ベスト10000』より）。読みは「やまぐち」「やまくち」「やまのくち」などがありますが、ここではすべて同じ「山口」として調べてみましょう。都道府県別では佐賀、長崎でトップ、鹿児島で5位、大阪で8位、三重、福岡で10位。11位が福井、奈良、12位が石川、13位が京都、神奈川です。関西以西に多いことがわかりますが、茨城で15位、山形で20位など単純に西高東低とはいえません。また、山口県での順位は90位と決して多くはありません。

「山口」以外にも「谷口」「野口」「川口」など「口」のつく名字がありますが、この「口」はどういう意味でしょう。それは「出入り口」「そちらの方向」「その周辺」という意味です。ですから「山口」は「山の出入り口」「山に行く方向」「山の周辺」ということになります。

この「山」とは、「山本」のところでも見た鎮守の森である山と、山菜を採り、木を伐採し、炭を焼き、獣を捕る生産の拠点としての村落の近くの山とをさしていると思われます。

生産拠点である山にはだれもが勝手に入ることは許されず、共同で山を管理するため、村落で多くの約束事が決められていました。「入会《いりあい》権《けん》」という、法的に認められた権利もありました。こうしたことから、山の出入り口付近、あるいは周辺が「山口」という地名になり、そこに居住していた人々が「山口」姓になっていったと考えられます。

1万石の大名山口氏のルーツ

大名には1つだけ山口氏がいます。常陸国牛《ひたちのくにうし》久《く》藩（現・茨城県牛久市）1万石ですから、大名としては最も石高が少ないということになります。

大名の山口氏の祖は南北朝時代から室町時代

にかけて中国地方で隆盛を誇った大内氏です。大内氏は百済第26代、聖明王《せいめいおう》の第3子、琳聖太子《りんしょうたいし》が611年に日本に帰化、その6代の子孫の多々良正恒《たたらまさつね》を祖とするといわれています。この聖明王は日本に仏教を伝えたとされています。琳聖太子は周防国多々良浜（現・山口県防府市多々良）に上陸したことから、多々良氏を名乗ったとされています。山口氏は多々良正恒の15代の子孫、大内弘幸《おおうちひろゆき》の孫、義弘《よしひろ》の次男、持盛《もちもり》の曽孫、盛幸《もりゆき》が現在の山口県山口市あたりに居住して「山口」姓を名乗ったのが始まりです。

本家の大内氏は1551年、陶晴賢《すえはるかた》に討たれ、滅亡します。しかし、分家の山口氏は初代盛幸の曽孫、山口修理亮重政《やまぐちしゅりのすけしげまさ》が、織田氏、次いで徳川氏に仕え、1601年、但馬守《たじまのかみ》に任じられ、江戸時代は大名となり、嫡男、重信とその子孫が常陸・河内《かわち》などで1万5000石を領しました。寛永年間に一族に5000石を贈与して1万石となり、廃藩置県を迎え、1884年、子爵になりました。

また、江戸時代後期の旗本表によると、旗本には6家の山口氏がいます。

全国に広がる「山口」の地名

では、「山口」という地名はどのくらいあるのでしょうか。

自治体では山口県山口市がありますが、かつては長野県木曽郡に山口村がありました。同村は2005年の平成の大合併で、隣の岐阜県中津川市に合併されました。県を越えての合併はとても珍しいことです。現在は岐阜県中津川市山口となっています。

1889年以降、消えた自治体の「山口」は、北は北海道から、南は大分県まで全国に17村にのぼります。

大字の「山口」は、北は青森県から南は大分県まで全国に50カ所以上あります。山口町、山口本町、山口新田《しんでん》など山口か山口町を冠した大字もあります。

「山」の近くでの暮らしが「山口」の由来か

山口市の「山口」の地名は鎌倉時代から文献に現れます。山口盆地の中心に位置し、長門国《ながとのくに》阿武郡（現・山口県阿武郡阿武町）の山地に分け入る入り口であったからという説と、東鳳《ひがしほう》翩山《べんざん》の東にある一の坂銀山の入り口であったからという2つの説があります。

江戸時代、長州藩は藩庁を萩《はぎ》におきましたが、幕末の1863年に幕府に無断で藩庁を萩から山口に移しました。明治維新後も山口がそのまま県庁となり、県名は県庁所在地からとって、山口県となったのです。

「山口」という地名は全国にあり、その地に居住した人々が「山口」となって、全国に分布したことがわかります。

ミステリーハンターQのタイムスリップ歴史塾

応天門の変

今回のテーマは平安時代の応天門の変。古くからの名族が没落し、その後藤原氏が台頭していくきっかけとなった出来事の１つだ。

勇　平安時代に、平安京の応天門《おうてんもん》が焼ける事件があったの？

MQ　応天門の変の元になった事件だね。

静　応天門って平安京のどこにあったの？

MQ　天皇が居住する大内裏《だいだいり》の内側にあった門のことだよ。朝廷の政治や儀式を行う朝堂院《ちょうどういん》の正門だったんだ。

勇　じゃあ、応天門は朝廷のシンボルみたいな存在だったのかな。それが火事になって焼け落ちてしまったんだね。

MQ　平安時代前期の８６６年に放火されて焼けてしまったんだ。

静　だれがなんのために放火したの？

MQ　それがミステリーなんだ。大納言《だいなごん》の伴善男《とものよしお》は、左大臣《さだいじん》の源信《みなもとのまこと》が犯人だと告発したんだ。

勇　大納言、左大臣って？

MQ　当時の役職名だよ。朝廷は天皇の下に太政大臣《だじょうだいじん》がいて、次いで左大臣、右大臣《うだいじん》、大納言、中納言《ちゅうなごん》と続くから、政権のトップクラスの人たちだ。伴善男は飛鳥時代からの名族、大伴氏《おおともし》の子孫だし、源信は嵯峨《さが》天皇の息子なんだ。

源信は犯人だと告発され、右大臣は信の逮捕を命じた。ところが、それを聞きつけた太政大臣の藤原良房《ふじわらのよしふさ》が待ったをかけたんだ。

勇　犯人は源信じゃない？　じゃあ、だれが犯人なの？

MQ　事件から半年経ったころ、犯人は伴善男と息子の中庸《なかつね》だとの密告があった。２人は否定したけど、取り調べの結果、伴氏親子とその従者の紀豊城《きのとよき》らの犯行とされたんだ。そして、当時、朝廷に仕えていた伴氏、紀氏はことごとく流罪《るざい》となって失脚してしまった。これが応天門の変だよ。

静　告発した側が犯人だったの？なんだか陰謀臭いわね。もしかして、冤罪の可能性もあったりして…。真相はどうなの？

MQ　真相はいまだにわかっていない。ただ、伴善男は源信の失脚を狙って失敗し、逆に自分たちが失脚してしまったということ。そしてそこには藤原氏の力が強く働いていたということだ。

藤原良房の妻は嵯峨天皇の娘でもあったから、良房と信は義理の兄弟でもある。事件後、良房は臣下で初めて摂政となり、養子の基経《もとつね》も31歳の若さで参議から中納言にのぼった。応天門の変により、古来の名族の伴氏と紀氏は追放され、のちの藤原氏全盛時代の基礎を固めることになったんだね。

現在、京都の平安神宮に応天門があるけど、これは平安時代の応天門の8分の5の大きさのレプリカなんだ。機会があったら見にいってみてね。

ミステリーハンターQ（略してMQ）

米テキサス州出身。某有名エジプト学者の弟子。1980年代より気鋭の考古学者として注目されつつあるが本名はだれも知らない。日本の歴史について探る画期的な著書『歴史を堀る』の発刊準備を進めている。

山本 勇

中学３年生。幼稚園のころにテレビの大河ドラマを見て、歴史にはまる。将来は大河ドラマに出たいと思っている。あこがれは織田信長。最近のマイブームは仏像鑑賞。好きな芸能人はみうらじゅん。

春日 静

中学１年生。カバンのなかにはつねに、読みかけの歴史小説が入っている根っからの歴女。あこがれは坂本龍馬。特技は年号の暗記のための語呂合わせを作ること。好きな芸能人は福山雅治。

生徒　先生

サクセス印のなるほどコラム

身の周りにある、知っていると役に立つかもしれない知識をお届け!!

worm moonって、なんのこと？

もう３月かあ。段々と気温が暖かくなってきて、冬が終わって春が来るのを感じる。冬は夜空の満月がキレイに見えるところが好きだよ。

冬は空気が澄んでいるから、晴れた夜の満月は確かにキレイだね。月のウサギも見えるし。ところで、あのウサギの正体はなんだと思う？

柄（がら）！

まあ、柄ともいえるかもだけど、あれは大昔に月の火山が爆発してできた黒い溶岩らしい。

へえ～それがウサギに見えているわけ？

ウサギが餅をつく姿だね。でも、それは日本での話で、ヨーロッパではカニに見えたり、本を読む女性に見えたりするらしく、地域や文化によって月の模様の見方は変わってくるんだよ。

そっかあ～。餅つきって日本って感じがするもんね。

それはそうと、３月の満月のことをアメリカではなんて言うと思う？

３月の満月？　march moon？

そのまんまじゃん（笑）。

じゃあなんて言うの？

worm moonって言うらしい。

暖かい月？

それ、wormじゃなくてwarmだよ。発音が違うでしょ！

じゃあ、wormってなに？

イモムシとかミミズとか、細長くて、足がなかったり、あっても短かったりする虫のことだよ。

え……イモムシ月？　なんで？

まあ、暖かくなって、虫も出てくる季節って感じで名づけられたんじゃないかな。

アメリカではなぜそんな言い方をするの？

アメリカの先住民が季節を把握するためだったらしいよ。

ということは、もしかして満月の名前が12カ月分あるってこと？

そうだよ。どうも、こんな感じみたい。

１月の満月　wolf moon（オオカミ月）
２月の満月　snow moon（雪月）
３月の満月　worm moon（イモムシ月）
４月の満月　pink moon（モモ月）
５月の満月　flower moon（花月）
６月の満月　strawberry moon（イチゴ月）
７月の満月　buck moon（牡鹿月）
８月の満月　sturgeon moon（チョウザメ月）
９月の満月　harvest moon（収穫月）
10月の満月　hunter's moon（狩猟月）
11月の満月　beaver moon（ビーバー月）
12月の満月　cold moon（寒月）

おもしろい！　でも、日本と季節感がズレてない？　だって、日本でイチゴは冬から春にかけてよく食べる感じだから、６月にはもうあまり売ってない気がするよ。

そりゃそうさ。アメリカだもん。日本と異なる部分はたくさんあると思うよ。

こういうの、日本にもあるよね？

えっ？　知らないなあ。中秋の名月と十五夜は知っているけど、日本に各月の満月を表す言葉ってあったっけ？

１月は睦月《むつき》、２月が如月《きさらぎ》、３月が弥生《やよい》、４月が卯月《うづき》、５月が皐月《さつき》、６月が水無月《みなづき》、７月が文月（ふづき、ふみづき）、８月が葉月《はづき》、９月が長月《ながつき》、10月が神無月《かんなづき》、11月が霜月《しもつき》、12月が師走《しわす》。一気に言ったら疲れた～。

満月の呼び名じゃなくて、旧暦で使われていた和風月名のことだね。それにしてもよく覚えたね！

うん。これ、この前の期末テストの範囲だったんだよね（笑）。

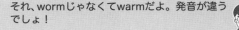

数学ランドへようこそ

ここ、数学ランドでは、毎月上級、中級、初級と
3つのレベルの問題を出題しています。各問題に生徒たちが
答えていますので、どれが正解か考えてみてくださいね。
今回も中級、上級、初級の順番で掲載します。

TEXT BY 湯浅 弘一
ゆあさ・ひろかず／湘南工科大学特任教授、
NHK教育テレビ（Eテレ）高校講座に監修講師として出演中。

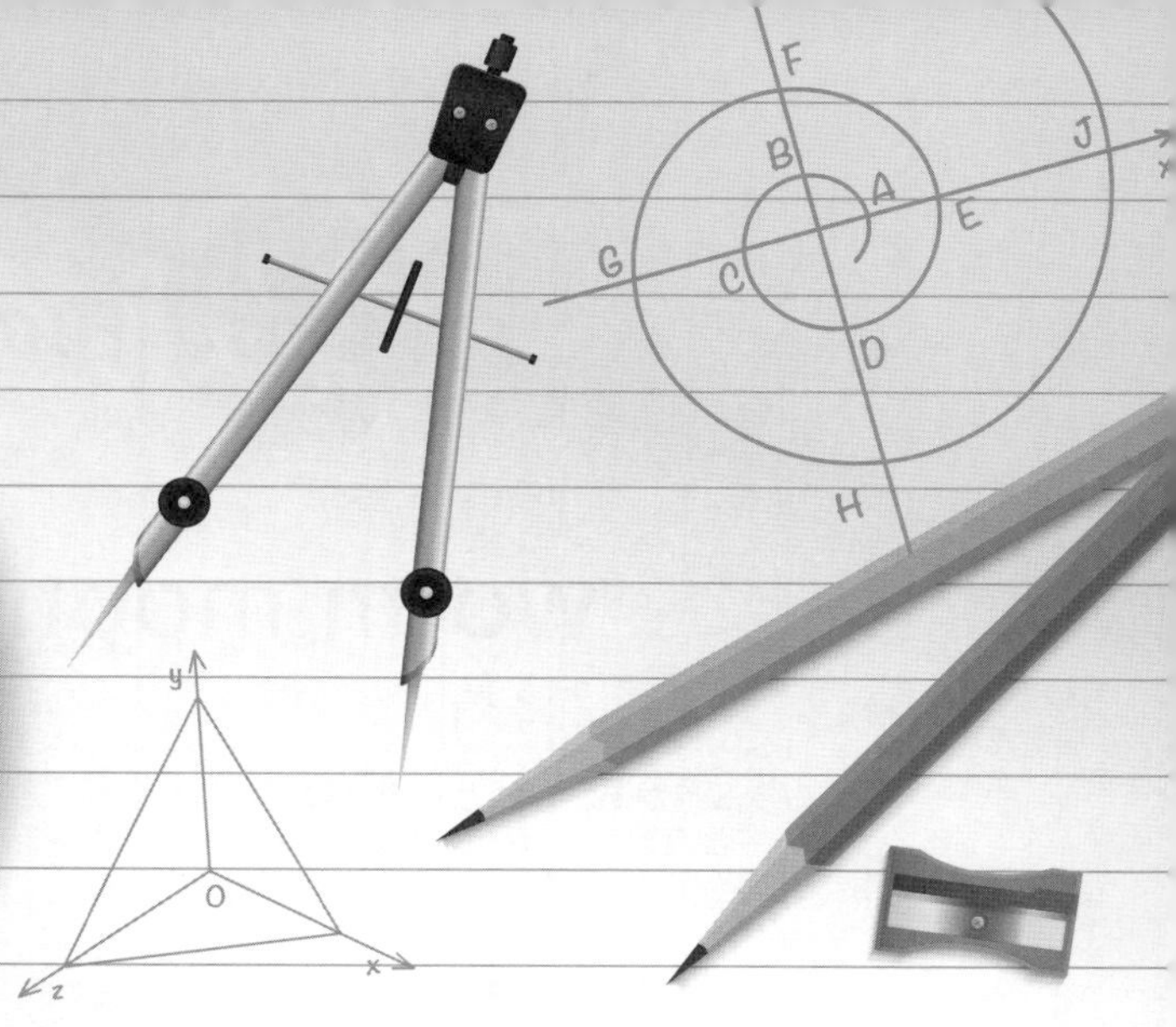

問題編

答えは96ページ

中級

循環小数0.13131313・・・・は分数で表すことができます。

よくあるやり方はx=0.131313・・・とおくと

$100x$=13.131313・・・（1）

x=0.131313・・・（2）

（1）式から（2）式を引き算すると

$99x=13$より$x=\frac{13}{99}$と求まります。

そこで、これをマネして次の答えを考えてください。

循環小数0.9999・・・・を分数で表すとどうなりますか？

A
答えは…
1
ズバリ1でしょ！
B
答えは…
1に近づく
多分コレじゃない？
C
答えは…
0.999
引っかからないよ！

上級

これは中3向けの問題です。根号（ルート）のなかにまた根号があることを多重根号といいます。

そこで問題、$\sqrt{2+\sqrt{2+\sqrt{2+\sqrt{2+\cdots\cdots}}}}$

これっていくつ？

A
答えは…
求まらない値がある
求めることはできないけど値はあるよ。

B
答えは…
解なし
いや、この問題に解はないよ。

C
答えは…
2に近づく
2に近づいていくんじゃないかな。

初級

2021の約数の個数は何個？

A
答えは…
2個
2021は素数だから2個だよ！

B
答えは…
4個
なんとなく、4個かな？

C
答えは…
5個
2021の数字をすべて足して2+2+1＝5個！

数学ランドへ ようこそ

解答編

中級

正解は **B**

問題の説明文のやり方をすると

x=0.99999・・・（1）とおくと

10x=9.99999・・・（2）

（2）式から（1）式を引き算して9x＝9、よってx＝1

…って、そんなわけないですよね???

だって、x=0.99999・・・＝1???

ちょっと「等しい（等号)」と書くには、微妙な気分ですね。これは正確には、「1に近づく」というんです。詳しくは高校の理系の数学で学習することになります。

ですから、今回は“1に近づく”が答えです。

これは、1に近づいていくと考えます。

A
1じゃそのまんまだよね？
B
やったね!!
C
0.999とするって、勝手に決めたの？

上級

正解は C

説明文のやり方を使うと

$$x=\sqrt{2+\sqrt{2+\sqrt{2+\sqrt{2+\cdots\cdots}}}}$$

とおくと

$$x^2=2+\underbrace{\sqrt{2+\sqrt{2+\sqrt{2+\cdots\cdots}}}}_{x}=2+x$$

$x^2=2+x$

$x^2-x-2=0$

これを解くと $(x-2)(x+1)=0$

$x>0$ であるから、$x=2$

しかし、元の式は２ではないから、

２に近づきます。

A 求められないなら値も存在しないよ。

B 解なしは求まらないことと同じだよ。

C やったね!!

初級

正解は B

なんとなく、ではなく計算から導き出してほしかったところですが、Ｂさんが正解です。2021＝43×47なのです。43、47はともに素数ですから、2021の約数は、1、43、47、2021の４個です。

A 2021は素数ではないよ！

B やったね!!

C なんで数字を全部足すの？

「推し」のために生きる少女の、そのもろく、激しい刹那

今月の1冊

『推し、燃ゆ』

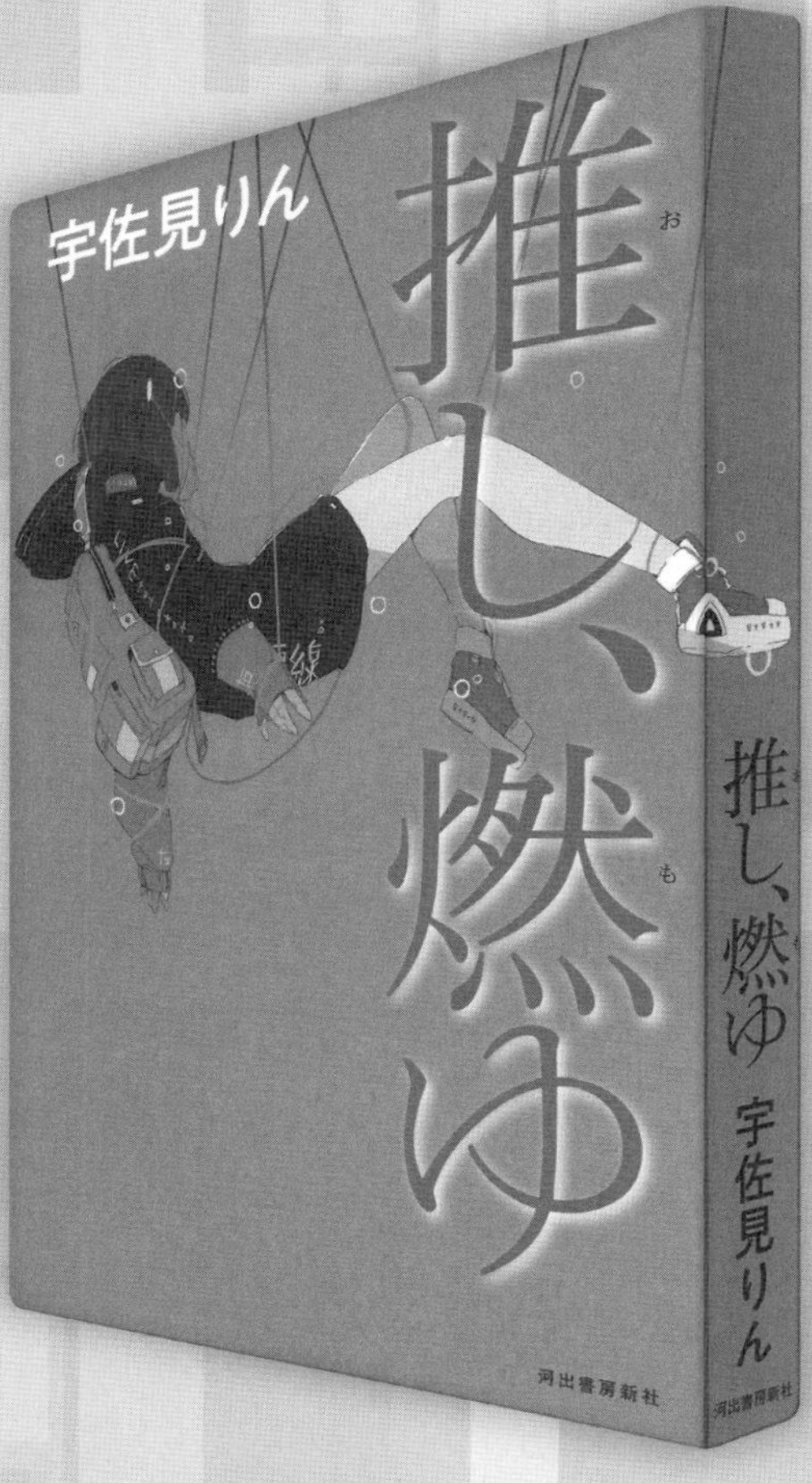

著者／宇佐見りん
刊行／河出書房新社
価格／1540円（税込）

「推す」（おす）―（人をその地位へ）すすめる。推挙する。推薦する。

　広辞苑をひくと、「推す」という言葉の意味は以上のように書かれている。

　最近では、好きな芸能人やスポーツ選手、とくにアイドルを応援する際に使われることが多くなった。そして、その対象として「推し」という言い方が定着した。「私の推しは～」といった具合だ。もともとはアイドルを熱狂的に応援する人たちの間で広まった言葉だが、いまや一般社会でも定着したといっていいだろう。

　そして、この「推し」に、文字通り「すべて」をかけているのが、本作の主人公・高校生のあかりだ。

　彼女は勉強が苦手で、部屋も片づけられない。家族で住んでいるが、彼女の部屋だけはメチャクチャ。不登校というわけでもないけど、なかなか前向きな学校生活は送れていない。

　でも、こと「推し」のためとなると、その熱量はほかへの注ぎ方とはまったく異なる。できうる限りライブに駆けつけ、ひたすらグッズを買い、「推し」がグループのなかで上位になれるように貢献し続ける。もちろん、お金は無尽蔵にあるわけではないので、居酒屋のアルバイトに励んでいる。

　そのバイトも上手にこなせないあかりにとって、家族との関係もうまくいかないこの社会は生きやすい場所ではない。それでも、ただただ「推し」だけが、彼女の生きる理由になっている。その「推し」が冒頭でファンを殴ったことで炎上するところから物語は始まる。

　この作品で2020年下半期の芥川賞を受賞した宇佐見りんは当時21歳。その若さゆえか、彼女が紡ぎ出す言葉たちは、中学生のみならず、大人にも響くだけのみずみずしさや痛々しさ、鋭さがある。

　あかりのその刹那的な生き方が「推し」の人生とともにどんなふうに動き出していくのか、ぜひその目で確かめてほしい。

前田建設ファンタジー営業部
空想世界を現実化する一大プロジェクト

前田建設工業広報グループの面々は、リーダー・アサガワ発案の「空想世界から注文を受けた設定で、アニメ『マジンガーZ』に登場する地下格納庫を現実の技術と材料でどう造るか」という突飛な企画に取り組むことに。渋々取り組み始めたものの、真摯《しんし》に「ものづくり」に向きあう人々から影響を受け、次第に夢中になるメンバーたち。やがて業界全体をも巻き込んだ壮大なプロジェクトへと発展していきます。

この映画、同社での実話をもとに作られたというから驚きです。「ものづくり」ってかっこいい。夢を追うってすばらしい。慌ただしい日々を過ごすうちに忘れかけていたなにかを思い出させてくれる作品です。

2020年／日本
監督：英勉

「前田建設ファンタジー営業部」
DVD発売中
3,800円＋税
販売元：バンダイナムコアーツ
©前田建設／Team F　©ダイナミック企画・東映アニメーション
Blu-ray（6,800円＋税）も発売中

ボス・ベイビー
ベイビーなのにビジネスマン!?

ある日、7歳の少年・ティムの家に、スーツを着た赤ちゃんがやってきます。両親はティムの弟だという赤ちゃんの世話にかかりっきりですが、ティムはいきなりスーツ姿でやってきた彼を不審に思います。

ティムの読み通り、赤ちゃんは両親不在時には大人の言葉を話し、「ビジネスマン」として秘密の任務を遂行しようとしていました。あることを機にティムもその任務に協力することになるのですが……。

まるでおじさんのような話しぶりなのに、容姿はかわいい赤ちゃんというギャップに思わず笑ってしまいます。はたして任務は成功するのか、2人の関係性はどうなるのか、みなさんの目で確かめてください。

2017年／アメリカ
監督：トム・マクグラス

「ボス・ベイビー」
Blu-ray発売中
1,886円＋税
発売元：NBCユニバーサル・エンターテイメント
DVD（1,429円＋税）も発売中

ドクター・ドリトル
動物と会話ができる名医の大冒険

「動物と話せる」という特技を持つ名医・ドリトル先生は、妻の死から心を閉ざし、人間との交流を絶って動物たちと森の奥で静かに暮らしていました。しかし、病に倒れた女王陛下を助けるために必要な薬を求めて、動物たちと、ひょんなことから出会った少年・スタビンズとともに、伝説の島をめざして航海の旅へ出発することになります。

旅の途中で出くわす様々なピンチを、動物たちの言葉がわかるドリトル先生ならではの方法で切り抜ける様子は痛快。さらに、オウムにゴリラ、アヒルにシロクマといった動物たちとの愉快な掛けあい、少年・スタビンズとの心温まる交流も見どころです。

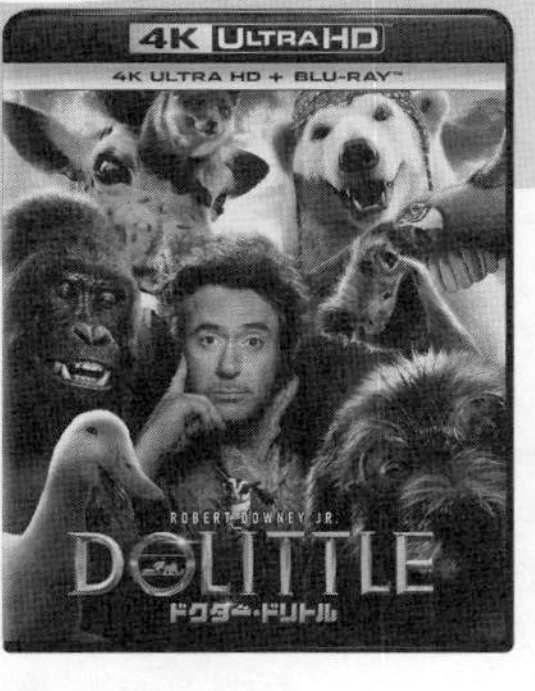

2020年／アメリカ
監督：スティーヴン・ギャガン

「ドクター・ドリトル」
4K Ultra HD＋Blu-ray発売中
6,345円＋税
発売元：NBCユニバーサル・エンターテイメント
Blu-ray＋DVD（4,527円＋税）も発売中

2021年2月の情報です。

12月号の答えと解説

解答　5本

解説

Aと Bの2人については、同じ点数の場所に刺さった2本がどの場所かで場合分けしましょう。
(ア) 30点の場所に2本刺さったとすると、Aではあと2本で2点、Bではあと2本で16点の得点が必要ですが、どちらもこれを満たす点の組みあわせはありません。
(イ) 20点の場所に2本刺さったとすると、Aではあと2本で22点の得点が必要ですが、13点と9点の組みあわせでこの条件を満たすことができます。一方、Bではあと2本で36点の得点が必要ですが、これを満たす点の組みあわせはありません。
(ウ) 13点の場所に2本刺さったとすると、Aではあと2本で36点の得点が必要ですが、これを満たす点の組みあわせはありません。一方、Bではあと2本で50点の得点が必要ですが、30点と20点の組みあわせでこの条件を満たすことができます。

C、Dの2人については、まず、同じ点数の場所に3本刺さったときの得点から考えてみます。2人とも得点は40点台ですから、3本刺さった場所は13点以下です。
(エ) 13点の場所に3本刺さったとすると、残り1本でCではあと1点、Dではあと8点の得点が必要ですが、どちらもこれを満たす点はありません。
(オ) 9点の場所に3本刺さったとすると、残り1本でCではあと13点、Dではあと20点の得点が必要ですが、どちらもこれを満たす点があります。
(カ) 5点の場所に3本刺さったとすると、残り1本でCではあと25点、Dではあと32点の得点が必要ですが、どちらもこれを満たす点はありません。
(エ)～(オ)より、3本刺さった場所は9点と決まりますが、C、Dのどちらかは決まりません。

続いて、4本とも点数の異なる場所に刺さったときの得点を考えます。
(キ) 最小の点数は30点以外の4か所に刺さったときで、20＋13＋9＋5＝47点で、Dがこれに当てはまります。また、40点になる組みあわせはありません。

以上より、4人のダーツの刺さった場所の組みあわせは、次の表のように決まりますから、13点の場所に刺さったダーツは全部で5本であることがわかります。

ダーツの刺さった場所	30	20	13	9	5	得点合計
A		2	1	1		62
B	1	1	2			76
C			1	3		40
D		1	1	1	1	47

今月のプレゼント！

10名さまに

使い心地を極めた機能的な修正テープ

新学期を迎えるにあたって、「きれいなノートをとろう」とモチベーションが高まっている方も多いのでは？　そんなみなさんにおすすめなのが、"進化系"修正テープ「**ホワイパーサーラ**」(プラス) です。

テープが紙面に密着しやすい最適な荷重をキープする構造で、使い始めから終わりまで軽い引き心地を実現。テープが途中で切れたり浮いたりせず、ストレスなく使うことができます。また、文字を隠す機能はそのままに、テープの白い層を11%薄くすることでテープと紙面との段差が少なくなり、上から書いても削れにくくよれにくくなりました。

本体を回転させて文字を見ながら修正できる「リバースモード」も採用。使いやすさを追求した新しい修正テープを10名さまにプレゼントします。

解いてすっきり

パズルでひといき

今月号の問題

ワードサーチ（単語探し）

リストにある英単語を、右の枠のなかから探し出すパズルです。単語は、例のようにタテ・ヨコ・ナナメの方向に一直線にたどってください。下から上、右から左へと読む場合もあります。また、1つの文字が2回以上使われていることもあります。パズルを楽しみながら、「職業」に関する単語を覚えましょう。

最後に、リストのなかにあって、枠のなかにない単語が1つだけありますので、それを答えてください。

C	F	E	P	G	I	N	L	H	B	E	N
T	K	N	R	E	C	N	U	O	N	N	A
H	S	G	A	T	M	F	Y	R	Q	I	M
O	M	I	K	R	A	W	D	V	S	Y	R
T	W	N	T	S	T	O	L	I	P	E	E
E	B	E	T	N	D	I	E	J	M	R	H
A	S	E	U	R	E	S	S	M	F	C	S
C	R	R	I	P	S	I	A	T	L	X	I
H	D	V	G	E	I	R	C	O	O	K	F
E	E	L	R	E	G	N	I	S	R	T	N
R	J	T	F	O	N	R	E	T	I	R	W
N	C	I	R	S	E	Z	A	H	S	B	L
A	V	P	E	F	R	D	O	C	T	O	R

【単語リスト】

ACTRESS（女優）	DRIVER（運転手）	PILOT（操縦士・パイロット）
ANNOUNCER（アナウンサー）	ENGINEER（技術者・技師）	PROGRAMMER（プログラマー）
ARTIST（芸術家）	FARMER（農場主・農家）	SCIENTIST（科学者）
COOK（料理人・コック）	FISHERMAN（漁師）	SINGER（歌手）
DESIGNER（デザイナー）	FLORIST（花屋）	TEACHER（教師）
DOCTOR（医師）	NURSE（看護師）**【例】**	WRITER（作家）

応募方法

下のQRコードまたは104ページからご応募ください。

◎正解者のなかから抽選で10名の方に右の「**ホワイパーサーラ**」をプレゼントいたします。

◎当選者の発表は本誌2021年８月号誌上の予定です。

◎**応募締切日 2021年４月15日**

12月号パズル当選者（全応募者32名）

石田　彩工さん（中３・埼玉県）

伊藤　達哉さん（中２・東京都）

篠原　知花さん（中１・東京都）

武田　美南さん（中１・神奈川県）

吉田　晴哉さん（中１・千葉県）

読者が作る　# おたよりの森

テーマ
自分を元気にする言葉

努力は報われる？ そりゃないよ。**報われるまで努力する**んだ！
（中２・酸素原子さん）

「人は人、自分は自分」。周りの人と比べるより、過去と現在の自分を比べて、前より成長できているかが大事だと聞いてからこの言葉を大切にしています！
（中２・めざせ西高校さん）

最近、失敗続きで落ち込んでいましたが、**「失敗は成功の母」**だと教えてもらって元気が出ました！
（中２・T.R.さん）

朝、布団から出られないときは映画「天空の城ラピュタ」のドーラのセリフ**「40秒で支度しな！」**を心のなかで言って起き上がると不思議と動けるようになる。
（中２・バルスさん）

「トップがいればビリもいる、一生懸命やればそれでいい」。運動が苦手で、いつも記録はクラスで最下位。落ち込んでいたら、父から言われた言葉です。
（中２・数学は得意！　さん）

祖母から**「大丈夫 大丈夫」**って頭をなでられると元気が出ます。おばあちゃん、大好きだよ！
（中１・R.F.さん）

テーマ
勉強のコツ【理科】

植物・生きもの図鑑を読んでみたら結構おもしろくて、そこから理科が好きになった。だからまずは図鑑でそれらに親しむのがおすすめ。
（中１・ZUKANさん）

実験はノートに図を描いて覚えています。図がうまく描けないときは、教科書やプリントをノートの下に敷いて写すといいかも。
（中２・S.R.さん）

暗記は**語呂あわせ**で覚えています。知っているものを友だちと教えあうのも楽しいです。
（中３・出たし、全部出たさん）

兄が高校で理科部に入っていて、**家でも簡単な実験**をしてくれる。それが楽しくて、いつの間にか理科が好きになり、成績も上がった！
（中２・H.K.さん）

通学中のバスで**１問１答式の問題集**をやっていたら、解くスピードが上がってきた。用語も覚えられるしおすすめ。
（中３・よこっちさん）

テーマ
春といえば？

桜餅！　毎年、祖母が桜餅を手作りしてくれます。入っている白あんが甘すぎなくておいしいよ。
（中２・長命寺さん）

花粉症です。これを書いているいまも目がかゆくてたまりません。花粉症が完治する薬を開発してノーベル賞をとりたいです。
（中１・スギタさん）

ジャニーズ「嵐」の歌**「サクラ咲ケ」**！　聞くと元気になれる！
（中２・大野君しか勝たんさん）

春眠暁を覚えず、という言葉を最近知り、春の眠気の正体がわかりました。暖かくなるとずっと眠い気がします……。
（中３・されど花粉症さん）

サクラ！　春はサクラがモチーフのものをたくさん見かけるのでなんだかウキウキします。一番好きなのは、桜餅なんですけどね（笑）。
（中２・和菓子っこさん）

必須記入事項

名前／ペンネーム／学年／郵便番号／住所／本誌をお読みになっての感想／投稿テーマ／投稿内容

右のQRコードからケータイ・スマホでどしどしお寄せください！
住所・氏名は正しく記入してください

Present!!
掲載された方には抽選で３名に**図書カード**をお届けします！
（500円相当）

募集中のテーマ

不思議な偶然エピソード
会ってみたい偉人
好きなアニメ

応募〆切2021年4月15日

ここから応募してね！

ケータイ・スマホから上のQRコードを読み取って応募してください。

掲載にあたり一部文章を整理することもございます。個人情報については、図書カードのお届けにのみ使用し、その他の目的では使用いたしません。

夢が広がる高校選びの情報満載！

Success15

４月号

表紙：早稲田大学高等学院

FROM EDITORS 編集室から

みなさんは、高校で入りたい部はありますか。

今号から新しく、各校の様々な部を紹介する「ワクワクドキドキ　熱中部活動」の連載が始まりました。第１回は法政大学第二高等学校の放送部を紹介しています。どのような活動をしているのかはもちろん、勉強と部活動の両立のコツなどについてもお伝えしています。

インタビューした生徒さんのお話を聞いていると、勉強や部活動に全力で取り組んでいるからこそ、充実した高校生活を送っているのだと感じられました。そんな先輩の姿に触れることが、みなさんの受験勉強に対するモチベーションアップにつながれば嬉しいです。ぜひ読んでみてください。次回もお楽しみに！　（Ｓ）

Next Issue　６月号

Special

高校受験 この1年はこうなる！

辞書でみる 言葉の移り変わり

Special School Selection

公立高校WATCHING

突撃スクールレポート

研究室にズームイン

※特集内容および掲載校は変更されることがあります。

Information

『サクセス15』は全国の書店にてお買い求めいただけますが、万が一、書店店頭に見当たらない場合は、書店にてご注文いただくか、弊社販売部、もしくはホームページ（104ページ下記参照）よりご注文ください。送料弊社負担にてお送りします。定期購読をご希望いただく場合も、上記と同様の方法でご連絡ください。

Opinion, Impression & ETC

本誌をお読みになられてのご感想・ご意見・ご提言などがありましたら、104ページ下記のあて先より、ぜひ当編集室までお声をお寄せください。また、「こんな記事が読みたい」というご要望や、「こういうときはどうしたらいいの」といったご質問などもお待ちしております。今後の参考にさせていただきますので、よろしくお願いいたします。

サクセス編集室 お問い合わせ先

TEL : 03-5939-7928　FAX : 03-3253-5945

今後の発行予定

5月17日	9月15日
6月号	10月号
7月15日	10月15日
8月号	秋・増刊号
8月16日	11月15日
夏・増刊号	12月号

FAX送信用紙

※封書での郵送時にもコピーしてご使用ください。

101ページ「ワードサーチ（単語探し）」の答え

氏名

学年

住所（〒　　　－　　　）

電話番号

（　　　　）

現在、塾に

通っている　・　通っていない

通っている場合

塾名

（校舎名　　　　）

面白かった記事には○を、つまらなかった記事には×をそれぞれ３つずつ（　）内にご記入ください。

（　）05　宇宙開発だけじゃない！ JAXAが作る未来の飛行機＆ヘリ
（　）12　Special School Selection 早稲田大学高等学院
（　）18　公立高校WATCHING 埼玉県立春日部高等学校
（　）22　私立高校WATCHING 中央大学杉並高等学校
（　）26　ワクワクドキドキ　熱中部活動 法政大学第二高等学校　放送部
（　）30　始まった「新たな学び」 高校受験はどう変わる？
（　）34　新学習指導要領と新大学入試が 君たちに期待しているものとは
（　）38　受験生のための明日へのトビラ
（　）40　突撃スクールレポート 明法高等学校
（　）42　突撃スクールレポート 佼成学園女子高等学校
（　）44　スクペディア 緑ヶ丘女子高等学校
（　）45　スクペディア 成城学園高等学校
（　）46　スクペディア 富士見丘高等学校
（　）47　スクペディア 西武台高等学校
（　）48　高校教育新潮流　NEW WAVE
（　）56　高校受験質問箱
（　）60　レッツトライ！　入試問題
（　）66　帰国生が活躍する学校 国際基督教大学（ICU）高等学校
（　）68　中学生の未来のために！ 大学入試ここがポイント
（　）70　東大入試突破への現代文の習慣
（　）76　こちら東大はろくま情報局
（　）78　キャンパスデイズ十人十色
（　）80　ちょっと得する 読むサプリメント
（　）82　マナビー先生の最先端科学ナビ
（　）84　なぜなに科学実験室
（　）88　中学生のための経済学
（　）89　ピックアップニュース！
（　）90　名字の豆知識
（　）92　ミステリーハンターQの タイムスリップ歴史塾
（　）93　サクセス印のなるほどコラム
（　）94　数学ランドへようこそ
（　）98　Success Book Review
（　）99　サクセス映画館
（　）100　解いてすっきり パズルでひといき
（　）102　読者が作る　おたよりの森

FAX.03-3253-5945

FAX番号をお間違えのないようお確かめください

サクセス15の感想

高校受験ガイドブック2021 4　Success15

発　行：2021年3月15日 初版第一刷発行
発行所：株式会社グローバル教育出版　〒101-0047 東京都千代田区内神田2-5-2 信交会ビル3F
ＴＥＬ：03-3253-5944
ＦＡＸ：03-3253-5945
Ｈ　Ｐ：http://success.waseda-ac.net/
e-mail：success15@g-ap.com

郵便振替口座番号：00130-3-779535
編　　集：サクセス編集室
編集協力：株式会社 早稲田アカデミー

【個人情報利用目的】ご記入いただいた個人情報は、プレゼントの発送およびアンケート調査の結果集計に利用させていただきます。